2045年、おりづるタワーにのぼる君たちへ

株式会社広島マツダ
代表取締役会長兼CEO
松田 哲也

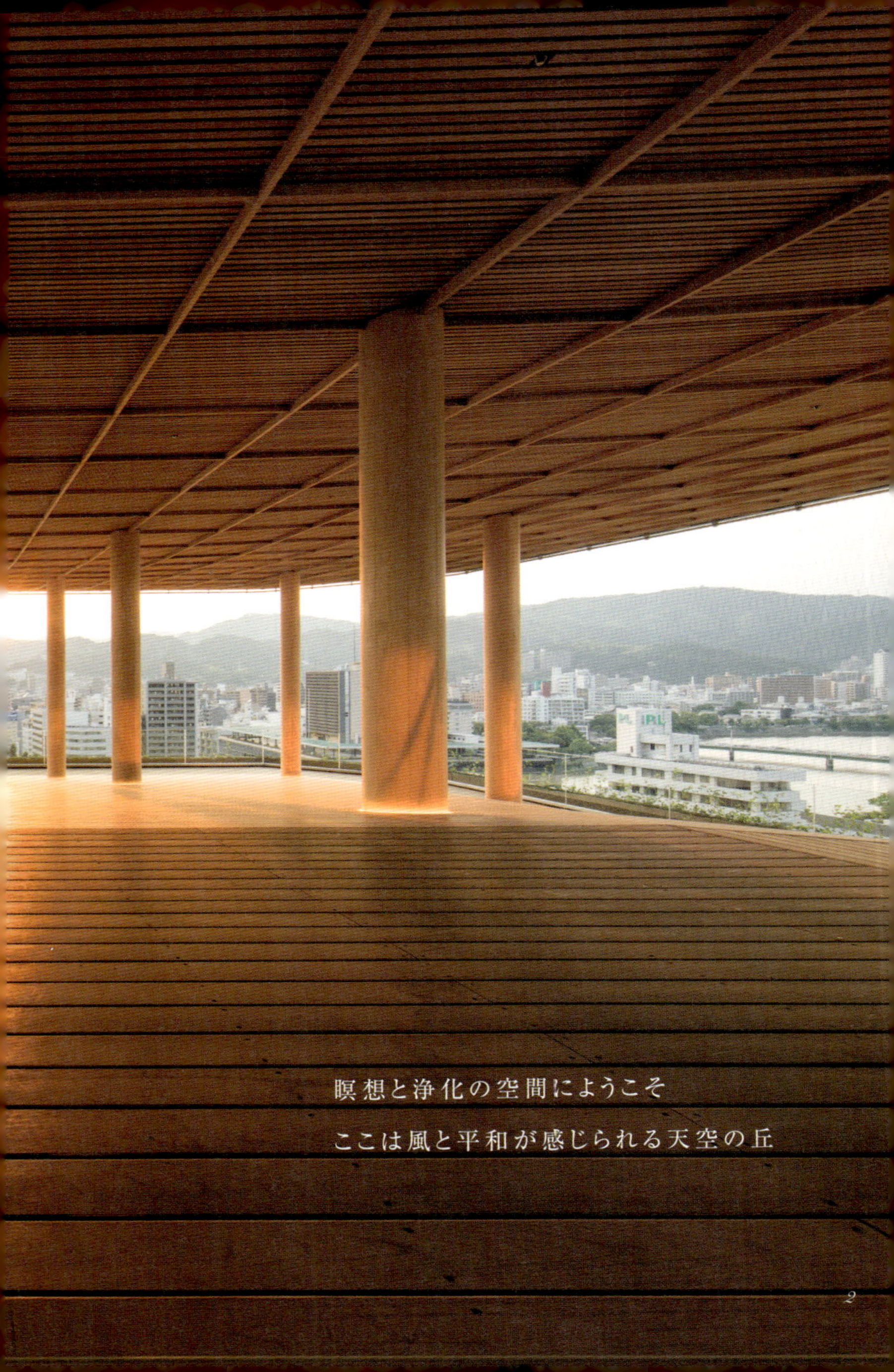

瞑想と浄化の空間にようこそ

ここは風と平和が感じられる天空の丘

廃虚から立ち上がった街、ヒロシマ

たくさんの人に この景色が届きますように

平和への想いを折り鶴に乗せる
祈りにも似た一瞬のフライト

デジタルサイネージ、VR、AR……

日本の最新テクノロジーにふれる

2045年、ここからどんな景色が見えるだろう——

ケンカしてても思想が違っても

ここでは握手—— 人生を楽しもうや!

TOWER
AkushuCafe
PARK SIDE
FOOD.SWEETS & DRINK

広島の「うまい」「スゴイ」
「カッコいい」を世界に発信

一歩一歩、坂を歩きながら
祖先や家族に想いを馳せる

この場所で、いつまでも

希望の街を見守り続けたい……

はじめに

おりづるタワー。

廣島と、ヒロシマと、広島と、ＨＩＲＯＳＨＩＭＡがクロスする交差点。

それは、過去と未来がタイムトンネルでつながるような、地上と天空を花びらが舞うような、悲しみと喜びの境界線に立つような、小さくとも大きなものを凌駕するような、難解な理論が一言で駆逐されるような場所——。

おりづるタワーは２０１６年、広島平和記念公園内にある世界遺産・原爆ドームのすぐ隣に生まれました。もともとあった古いオフィスビルを改修し、屋上に展望台、上階に体験型アトラクションスペース、１階にカフェや物産館を併設して新たにリノベーションしたものです。

現在、広島市を訪れる観光客は増加しており、２０１７年の調査では6年連続過去最高を更新しています。２０１６年5月27日のバラク・オバマ前アメリカ大統領訪問以降は外国人旅行者も急増し、２０１５年以降は毎年１００万人を突破しています。

そんなタイミングで広島の新しいランドマークとして誕生したおりづるタワー。

本書はそのおりづるタワーがどのような経緯で生まれ、どのようなこだわりの元に作られたか。どのような想いが込められ、どのような意味を持っているのか——それを後世に伝えるために書かれたものです。

■

申し遅れました。

私は「おりづるタワーを作る!」と口火を切った〝言い出しっぺ〟の人間であり、タワーの事業主体である株式会社広島マツダの会長兼CEO、そしてこの本の著者である松田哲也と申します。

つい先日、ちょうど50歳になったばかり。人生の節目であるこの時期に、恐れ多くも初めて自分の名前が付いた本を出版させてもらうことになりました。

■

最初から本を出すことに興味があったわけではありません。

もともと趣味というか遊びのような感覚でFacebookに駄文をつづってはいましたが、それを見た編集者の方が「本を出しませんか?」と言ってきてくださったときも、いやいや、そんなこと私には無理ですよ、不相応ですよ、とすぐにお断りさせていただきました。

私は広島で中小企業のかじ取りをする一介の経営者であって、決して文筆家ではありません。会社の業績や生き方、経営哲学を誇れるような成功者というイメージからも程遠い存在だと思っています。

私はただ、人生を賭けたプロジェクトとしておりづるタワーを企画し、さまざまな紆余曲折の末、なんとか完成にこぎつけたというだけの人間です。オープンから3年近くすぎた今も改善を重ね、あの手この手でなんとか来場者に楽しんでもらおうと必死で、精一杯で、とても本など書ける余裕がないというのも正直なところでした。

しかしあるとき、考えさせられる出来事がありました。

おりづるタワーができて2年、3年……時間の経過とともにタワーのオープニングに立ち会った人間が少なくなり、新しいスタッフが増えてきます。かつては何も言わずとも共有されていた想い、精神が少しずつ薄れ、スタッフからは「短くていいので会長がタワーを作ろうと思ったときの気持ちを書面にしたためてください。それを元に私たちが新人へタワーの意義や歴史を伝えますから」と言われるようになりました。

もしも想いやメッセージがあるのなら、きちんと次代に引き継いでおかなければいけないのかもしれない。〝遺《のこ》す〟というのは大切なこと。ならば中途半端なことをせず、「これを読めばおりづるタワーのすべてがわかる」というくらい徹底的に書き遺した方がいいのかも――。
そんな経緯もあり、半年後、私は編集者の方に連絡をとり、頭を下げていたというわけなのです。

■

おりづるタワーは細部に至るまですべて、魂を込めて作りました。

この本は、そんな世界にひとつとして似たものがない唯一無二のタワーについて書かれたものですが、内容はそれだけに留まりません。書き進めていくうちに筆は予期せぬ方向に進んでいきました。

本書はおおまかに言ってふたつのパートから成り立っています。

ひとつめはもちろんおりづるタワーについて。第1章では私がどうしておりづるタワーを作ることにしたのか、完成までのいきさつについて書きました。第2章はおりづるタワーはどんな要素から成り立っていて、各フロアにどのような見どころと、どのようなこだわりがあるのか、一つ一つつまびらかにしています。

後半は一転、私、松田哲也個人の物語になります。第3章では私がどのような家庭に育ち、どのような想いを抱えてこれまで生きてきたのか振り返っています。

ここで「どうしておりづるタワーの本なのに、おまえの人生を聞かされないといけないんだ?」と怒り出す方もおられることと思います。まったくその通りです。どうして街のランドマークの話のはずが、それを作った男の半生が出てくるのでしょう。

しかし、私はこの本を書きながらタワーと私の人生がまったく無関係だとはだんだん思えなくなっていきました。私は50年間、自分の人生を振り返ったことなどありませんし、むしろ過去から逃げ続けてきた人間ですが、おりづるタワーに込めた想いを正確に、完全に記すためにはどうしても自分自身のバックグラウンドから目を背けるわけにはいきませんでした。物語は必然のように、私自身の過去と内部へと向かっていったのです。

だからこの章が必要か不要かは、読んだあなたが判断してください。それを受けて第4章は最後、未来に向けた提言という構成になっています。

各章の冒頭には私がFacebookにつづっていた文章から、章の内容にふさわしいものを編集者の方がピックアップして載せてくれました。「松田さんの想いが一番ピュアな形で表れている」と彼は言ってくれますが、私としては恥ずかしいばかりです。

彼の言葉を借りるなら〝歌の前の象徴的な前奏として〟楽しんでいただければ幸いです。

■

これは未来の本です。

題名通り〝2045年〟という少し先の未来にフォーカスを合わせてもらうために

書かれたものです。

これは勇気と行動についての本でもあります。挫折と葛藤の本でもあります。理想と反抗、父子と血統、故郷と観光……さまざまな要素が入り乱れています。

これは一人一人が人の幸せを願い、喜ぶ——そんな未来を創るための本です。

未来にはまだ、失敗はありません。

この本を明日を夢見る全ての方に——。

空を翔け　時を超え　心に届け

おりづるに想いを乗せて、今、あなたに送ります。

松田　哲也

2045年、おりづるタワーにのぼる君たちへ

もくじ

第1章

明日を世界が決して
あきらめてしまわないように

〜「おりづるタワー」のできるまで〜

小さな女の子が
ひろしまの丘で「お山の公園みたい」って
「いらっしゃいませ」って当たり前の言葉で
ボクはごまかすように返したけど
裸足で大の字に寝ころび
白木の上ではしゃぐ天使を
本当は　ぎゅーっと抱きしめたいほどだった

広島は　原爆が投下された街は
「生と死」を特にイメージさせるだろう
どうか　この丘だけは「優しさと希望」を
感じてもらえるように

明日を　世界が決して
あきらめてしまわないように

太陽は昇り　ゆっくり沈む
陽に雲が覆い　雨を降らせる
月が輝きはじめ　星は流れゆく
虹がかかり　はかなく消えていく

何千回も何万回も
なだらかに繰り返す　毎日
だから愛を生み出さねば

何千回も何万回も　毎日

ラジオから
心地よい音楽がかかるように
たくさんの人に　この景色が届きますように
ここで風が　天使たちを運んでくれますように
私たちに愛する意味を
気付かせてくれますように

おりづるタワーは1周年
この1年間おりづるの壁に投入いただいた
売上1000万円
その全てを原爆ドーム保存事業基金に寄付しました

もっとずっと先を見ていよう
レクイエムからノクターンへ
批判があっても心配されても
ここで愛が生まれ育つならば

まもなく戦争が終わった日

また争いがはじまりませんように

毎日たくさんの人が来てくれたらな

広島に　おりづるタワーに

2018年8月14日（終戦記念日の前日）の
Facebookより転載

おりづるタワー、プレオープンの日に――

２０１６年7月11日、あの日で私の人生は終わったのかもしれない――と今でも本気で思うことがあります。

その日、広島は朝から曇り空に覆われていました。まだ梅雨が明けてないので仕方ないとはいえ、湿度も高く、午前中にはパラパラと雨も降りました。

せっかく展望台から素晴らしい景色を見てもらえるのに、曇り空なんて……。

こんなときに限って天気に見放されるというのは私の普段の行いに問題があるのかもしれませんが、それでも一般開放される正午にはやみそうだということで、私は物事を前向きに捉えることにしました。

まあ、雨に降られるよりはいいじゃないか。こうして多少は湿った方が平和公園の緑も映えて、広島の街もきれいに見えるというものだ。そうだ、さっきの雨はタワーのオープンに先駆けて空が街を洗ってくれたのだ。天の配剤に違いない――。

この日、私は「おりづるタワー」のプレオープンのセレモニーに立ち会うため、朝から多忙を極めていました。

この日の段取りの最終確認に招待者リストのチェック、そしてタワーのプレオープンを取材してくれる地元テレビ局、新聞社などのマスコミ対応……私がやるべきことはいくらでもありました。

そもそも忙しさは今日に限ったことではありません。やっとのことで建物が完成し、私たちに引き渡されたのがわずか10日前のこと。そこから机やパソコンを運び入れ、超特急でオフィスを使える状態にし、さらにプレオープンの準備です。スタッフも何日も徹夜が続きました。私も自分で決めたこととはいえ、どうしてプレオープンの日程をもっと遅くに設定しなかったのか、自らを責めたい気持ちに襲われました。

この建物に出合い、屋上からの風景に心を奪われて約7年。完成までの年月はとにかくじれったく、「もしかして永遠に完成しないんじゃないか？」と思うほどでしたが、実際できてからは怒涛《どとう》のように日々が進んでいきます。

「ついにできたぞ、俺の全身全霊を懸けた広島のランドマークが……」などとワイン片手に感慨に浸れる時間など1秒もありません。あれほど待ちわびた夢のはずなのに、叶ってしまえばそれを味わう時間などまるで取れないというのは皮肉な現実で、思わず「それもまた自分らしいのかな」と苦笑いが漏れます。世の中というのはいつでもうまくいかないようにできているのでしょう。

時間が来て、私はマイクの前に立ちました。紺のジャケットの襟には折り鶴の形をした真新しい社章が光っています。

一体何を話したのか……私は普段から人前で話すことが多く、スピーチは多少手慣れた方ですが、このときばかりは散々でした。舞い上がって何をしゃべったか、まるで覚えていません。おそらく「みなさんのおかげでタワーが完成しました。ありがとうございます。これからますますがんばります」——くらいのことしか言えなかったのでしょう。その後いろんな人から「今日はダメだったねぇ」とからかわれたので相当ひどかったのだと思います。

テープカットの際には、横に湯崎英彦広島県知事、松井一實《かずみ》広島市長、広島県原爆被害者団体協議会理事長の坪井直《すなお》さん、おりづるタワーのアンバサダーを務め、CMにも出演してくださったファッションモデルであり女優の渡辺早織さんらの顔が並びました。リボンのついた専用のハサミを渡された私たちは幅広のテープを一斉にカットしました。

あたりから盛大な拍手がわきます。カメラのフラッシュがあちこちでたかれます。ついにオープンだ。プレオープンではあるものの、やっとこのおりづるタワーをみなさんにお披露目できる日が来たのだ――。

私の記憶はその瞬間をピークに、ますます曖昧なものになっていきます。そこからは取材陣と一緒に展望台に上がり、VIPの方々の対応に追われていたような。たくさんのお祝いの言葉を受け取り、お一人お一人に感謝の言葉を述べるのに必死だったようなな。夏なのに普段締めないネクタイを締めていたため、全身汗だくだったような……。

とにかくやることがいっぱいで、精神的にもいっぱいいっぱいで、私は華やいだその時間をなんとか取り繕うことしかできなかったような気がします。

そんな高揚の一方で、私はあの日、心の底では何かがひとつ終わりを迎えたような感触を覚えていました。大げさに言えば、自分の人生が終着地にたどり着き、動きを止めてしまったというような。

私の手を離れ、今まさに広島の街へ、世界中へ飛び立とうとするおりづるタワー。

実際あの日から3年近くたった今も、私の心の一部はぽっかり穴があいたままです。

そんなとき、ふと思い出すのです。私が初めてこのビルに出合ったときのことを。

まるで初恋の人に巡り会ったときのように、その日の光景は今も鮮やかにまぶたの裏に焼き付いて、私の中でよみがえります——。

広島をもっとよくするために何かできないか？

私が〝彼女〟に出会ったのは2009年。ちょうど私が40歳のときでした。

そのとき私は「広島マツダ」という会社の代表取締役社長をやっていました。

広島マツダは原子爆弾が落とされて街が廃虚になる前の1933（昭和8）年に創業。私の祖父である松田宗弥《そうや》が興した会社で、その名の通り広島の自動車メーカーであるマツダの車を広島県内で販売するために作られました。現在もマツダ車の販売を主軸にしながら、車の整備・修理、中古車の販売、レンタカーや車両リースも含め、広島県内のお客様に豊かなカーライフを送っていただくための業務を行っています。

私は36歳で社長に就任。しばらくは自分の哲学を会社に浸透させるため経営に集中していましたが、4年たったその頃にはだいぶ立場も落ち着き、それとともにひとつの想いが膨らんでくるのを感じていました。

それは「故郷・広島に恩返しをしたい」というものです。

それ以前から世間では企業の社会的責任（ＣＳＲ）が声高に叫ばれるようになっていました。企業は単に利益を追求するだけでいいのか？　株主や従業員に対してだけでなく、地域社会に対してももっと有益となる活動をしていくべきではないか？

広島マツダは私が社長に就任する前から、ＣＳＲに関しては比較的積極的に取り組んできた会社です。

ネガティブに考えるなら、車は公道を走る凶器であり、排気ガスをまき散らすという意味で環境汚染の源です。それを売って利益を出している企業としては、問題から目を背けることなく、少しでもマイナスを軽減し、社会をよくする活動に取り組もうとするのがひとつの誠意の表し方でもあります。たとえば交通安全に対する啓蒙活動を行ったり、森に木を植えるなどの環境活動に力を入れたり……広島マツダは昔からそのようなアクションに力を注いできましたし、私の代になってからも「ただ車だけが売れればいいのか？　公共交通みんなで発展していかなければいけないのではないか？」という想いから、路面電車の停留所にベンチを設置するなど、自分たちのできる範囲でさまざまな活動を展開してきました。

しかしそのようなＣＳＲ活動を行ううちに、私はもっと直接的な形で社会に貢献できないかと考えるようになっていきました。もちろん交通安全や環境活動に関する資金を寄付するのは社会にとって有益なことでしょう。これまで立って待つしかなかった〝広電〟のホームにベンチを置けば、広島に暮らす人々は助かるでしょう。

しかしそれだけでいいのか？　物やお金をあげてそれで終わりでいいのか？

私たちは広島に育てられた企業です。第二次世界大戦以前からこの街の人々に車を買ってもらうことで糊口をしのいできました。

特に１９４５（昭和20）年８月６日以降は、会社の成長は街の復興と完全に一致しています。原爆ですべてが失われたところから工場が稼働し、車の生産が再開され、その車を供給することでライフラインは活性化、さらに経済も繁栄していきました。車は街の活力を生み、人々の夢を加速させ、廃虚だった広島を豊かで彩りのある政令指定都市へと押し上げてきたのです。

広島マツダは広島の街と共に歩み、広島の街に生かされてきた企業である——。だったらこの街にフォーカスを絞って、広島をもっとよくするために何かできないか？私たちにしかできないやり方で、この街にもっと大きな喜びを届けることはできないか？

私の中でそんな想いが膨らんでいきましたが、そうは言っても「じゃあ実際に何をやるのか？」と問われると何も答えられません。私は行き場のない気持ちを抱えたまま日々の業務にいそしんでいました。

「松田社長、うちのビル、買いませんか？」

思いもよらない声が掛かったのは、そんなときでした。

原爆ドームが〝かわいそうなもの〟に見えた瞬間

声の主は「広島東京海上日動ビル」の責任者でした。自動車保険を通じて普段からお互いに取引をしている間柄です。

広島東京海上日動ビルというのは広島の人にはなじみの深いビルです。広島の繁華街・紙屋町交差点のすぐ近くにあり、ビルの西側は平和記念公園に面していて原爆ドームが真横に建っているというロケーション。さらに電車通りを挟んで真正面には旧・広島市民球場の跡地が広がっています。

今、プロ野球チーム・広島東洋カープの本拠地は広島駅近くの「マツダZoom-Z

ｏｏｍスタジアム」に移り、毎試合大変なにぎわいを見せていますが、２００８年シーズンまでの51年間は広島市民球場がホームスタジアムでした。広島市民が熱狂的な声援を送った旧広島市民球場はいわば街のシンボルであり、たくさんの思い出が詰まった場所です。そんな〝生の聖地・広島市民球場〟と〝死の聖地・原爆ドーム〟に挟まれたこのビルは広島人なら名前は知らなくても一度は目にしたことがある建物でした。

広島東京海上日動ビルは１９７８年に建てられ（建設当時は「広島東京海上ビル」）、このときすでに築31年が経過。ビルの責任者によると耐震工事をするにも多額の費用がかかるため、場所を移したいと考えているとのことでした。広島マツダは不動産事業も行っているので、私に声を掛けてくれたのです。

売却予定額を聞くとびっくりするような金額です。無理もありません。ここは広島の一等地。とてもじゃないがわれわれのような中小企業が買える物件ではありません。

私は丁重にお断りの連絡を入れたのですが、それからしばらくたってこのビルの共同見学会があるという連絡が入りました。

私自身も原爆ドームに行ったりカープの試合を見に行ったりした流れで、このビルの存在は子どものころから知っていました。大通りに面した1階には老舗の喫茶店「マリーナ」があり、そこは球場正面という立地のせいもあって古葉竹識元監督が試合前に名物「たまごカレー」を食べていたという逸話も聞いていました。しかし2階より上はオフィスビルだったため、当時から部外者や一般人は中に入ることができませんでした。

あのビルの中身がどうなっているか見ることができるのか。せっかくの機会だし、ちょっとのぞいてみるか――私はビルを購入するつもりなど毛頭なく、物見遊山気分で見学会に参加することにしました。

私は大手の不動産会社の人たちと一緒にビルに足を踏み入れました。

オフィスの様子、窓からの眺め、各フロアの間取り、天井の高さ……などを確かめながら上の階に上がり、最後に屋上を見せてもらうことになりました。ビルの屋上には空調設備や機材が置いてあるので、ビルに入っているテナントのスタッフも入れない立入禁止スペースになっていました。ビルの担当者に案内されて最上階である12階のさらに上にある屋上に上った私は、そこで突然、恋に落ちたのです。

そこに広がっていたのは、私がこれまで見たことのない風景でした。

これが、広島か……。

私はしばらくその場に立ちすくみ、そこから見える風景をむさぼるように眺めていました。

まず驚いたのは、眼下に見える原爆ドームでした。ビルの屋上の西端に立った私は自分の足の下に原爆ドームが鎮座しているのを見て、まるで自分が鳥になったような不思議な感覚を味わっていました。

私は広島で生まれ、広島で育ち、大学時代からの数年間を除いてはずっと広島で暮らしてきた人間です。そんな私にとって原爆ドームというのはもはや見慣れた――ひどい言い方をすれば見飽きた――建物だったはずです。

しかしそこから見る原爆ドームは40年間の人生の中で一度も見たことがない姿を見せていました。

上から見下ろす原爆ドーム、とは……。

そう、これまで私は原爆ドームを下から見上げることしかしてこなかったのです。地表に立って、はがれた壁を、崩れた屋根を、むき出しになった鉄骨を見上げる。原爆で破壊された旧「広島県産業奨励館」の遺構を、息絶えた巨人でも仰ぎ見るような気持ちで下から捉えることしかできなかったのです。

上から見る原爆ドームはこれまでの印象を一八〇度覆すものでした。骨組みだけになったドームの天井部から内部が透けています。ハリボテの裏側を見てしまったように、無残な外壁がそのままさらされています。

そのとき、私には原爆ドームがとても小さく、哀れなものに映りました。それは広島の中央にドンと居座り、戦争の悲惨さと原爆の恐ろしさを無言の威容でアピールしてきた父性あふれるモニュメントが初めて〝かわいそうなもの〟に見えた瞬間でした。

「この風景を見せることこそ私の使命なんだ！」

しかし私の目を奪ったのは、それだけではありませんでした。むしろそれ以上に私が引き込まれたのは、原爆ドームの向こうに広がる風景でした。

原爆ドームの向こう側には緑がありました。そして太陽の光を反射して輝く川の流れがありました。平和記念公園と元安川です。

それはとても心休まる、美しい風景のように私には見えました。原爆ドームが清らかな流れと緑の木々に包まれて癒やしの余生を送っているような、自然の治癒力によって廃虚が静かに、ゆっくりと再生していくような、そんな空想をしてしまったのかもしれません。

さらにその向こうに広がる風景――。

そこには太田川のデルタ地帯に発展した広島の街並みが広がっていました。ビルがあり、家々の屋根があり、遠くには山の稜線《りょうせん》が見えます。十日市町、己斐、井口といった私にもなじみのある地域も一望できます。遠くにかすんで見えるのは……あれは嚴島神社のある宮島でしょうか？

これまで広島には街を展望できるタワーのようなものがなく、私は自分が生まれ育った故郷を初めて上から見る興奮に舞い上がっていました。あそこが横川であっちが白島か、となると自分の家はここから見えるだろうか……。

しばらくは自分の知っている場所の風景と、上から見る街のアングルを一致させることに夢中になっていましたが、それがひと段落すると、改めて腕を組んでこのパノラマの光景を眺めてみました。

目の前には街が広がっています。東京や上海、ニューヨークなどの大都市ほどの華やかさはありませんが、それでも大きなビルが建ち並ぶ街です。山の中腹を切り開いて住宅地を開発したエリアもあります。

一見、それは世界中のどこにでもありそうな地方都市のように見えました。人々が元気に、すこやかに、精一杯生きている、小さくはないけど別に大きくもない平凡な街であるように見えました。

しかし視線を下にずらすと平凡な街の光景は一変します。

原爆ドームがあって、それを包む緑の平和記念公園があって、その向こうに広がる〝元気な街〟という構図で見てみると——。

頭の中でかつて学校の平和教育で見せられた、廃虚になった広島の写真がよみがえりました。骨組みだけになったビルの間にガレキが広がり、己斐の山まで一面平坦な荒れ地が広がっています。それは寂しく、悲しく、うすら寒い風景でした。全てを破壊され、何もない真っ平な状態になってしまったモノクロ写真の中の故郷。私はそれが原子爆弾投下当時の広島の風景だと教えられてきました。故郷の出発点であり、原風景だと知らされてきました。

その荒れ野が今、こうしてどこにでもある普通の街のように息づいている。「70年間は草木もはえない」と言われた街が、あれから70年もたっていないのに、世界中の多くの街と同じように活気をもって、いきいきと機能している——。

原爆ドーム前の大通りをにぎやかな音を立てて路面電車が走っていきます。街の中心部に向けて、バスや自動車が次から次へとやって来ます。そして目を凝らしてよく見ると、原爆ドームのまわりにはたくさんの人たちが集まっています。黄色い帽子をかぶった修学旅行生たち、外国人観光客らしきカメラを提げた集団、その横を自転車で駆けていく地元の人たち——。

そういうものすべてが視界に飛び込んで、頭の中に入り込み、さまざまな記憶と思考をかき乱した結果、私の中にひとつの想いが湧き上がりました。

「この景色をたくさんの人に見せてあげたい……」

それは生まれた途端、爆発的な速度で膨らみ、みるみるうちに揺れるぎない決意へと変わっていきました。

「いや、この景色は全世界の人が見るべきだ！　このビルで働いている人や管理人だけが見られる景色じゃダメなんだ。広島市民はもちろん、世界中からやって来る観光客みんなにこの景色を見てもらいたい。この場を開放して、みんなのものにしなければ……」

私は風景と恋に落ちたのです。瞬間的な一目惚れ。想いはすぐに叫びに変わって、私の心に強烈な刻印を焼き付けました。

「この景色こそがメッセージなんだ。これを見せることこそ私の使命なんだ！」

40歳の不惑の恋は、まるで初恋のような純粋さと盲目さで、それからの私を衝き動かすことになります。

戦争を知らない世代として何が言えるのか?

後から考えると、私がビルの屋上から見える風景に強烈に魅了されたのにはきちんとした理由があることに気が付きます。

そもそも私は昔から戦争や平和といった事柄に関心があったわけではありません。

確かに広島は土地柄、平和教育が盛んな街です。夏休みにもかかわらず毎年8月6日は登校日で、全校生徒がそろって8時15分に黙祷を捧げます。教室の後ろにはマンガ『はだしのゲン』が置かれ、学校によっては被爆者を呼んで話を聞かせてもらうところもありました。

しかしそれが子どもの心に響くかというとまた別の話です。私は残念ながら「ふぅーん」と先生の話を聞き流し、「夏休みなのに面倒くさいのぉ」と思いながら8月6日に登校し、あくまで形式的に8時15分に頭を下げるだけの子どもでした。〝戦争を知らない子どもたち〟の一人として平和なこの状況を当たり前のものとして受け止めていました。

それが変わったのはいつからでしょう。大学進学のために広島を出た後でしょうか。それとも再び広島に戻ってきて、社会人として働きはじめてからでしょうか。

転機になったのは、広島に戻ってきた私が広島青年会議所（以下ＪＣ）に入会し、そこで平和活動のプロジェクトに加わったことでした。ＪＣは青少年育成事業や平和事業などを通じて、まちづくり、ひとづくりを目指す団体ですが、その活動の中で広島県原爆被害者団体協議会（以下、県被団協）の方々と交流を持つうちに、「平和とは？」「広島という街が持つ意義とは？」という問題を真剣に考えるようになったのです。

さきほども言いましたが、私は戦争を知らない世代の一員です。被爆二世ではありますが、それでも私にとって戦争や原爆というものは言葉や映像で伝えられた〝知識〟でしかなく、それを我が事として捉えるにはどうしてもリアリティーが欠けていました。

そんな私にとってＪＣで任されることになった平和活動は戸惑いの連続でした。

「核は悲惨だ」「原爆はいけない」――多くの人は声を大にして訴えます。しかし、私は頭ではそれが正論だと理解できても、どうしても心からそう叫ぶことができません。叫ぶことに躊躇してしまうのです。

おまえは本当の戦争を知らないのに、そんなことが言えるのか？　伝聞で得たような知識を、わかったような顔をして振りかざしていいのか……？

私は当事者である被爆者の方々と自分たち若い世代の間に広がる深い溝を痛切に感じていました。原爆を体験した人だからこそ言える反戦・反核のリアリティー。そして原爆を体験していないのにそれを我がもの顔で訴えることの嘘くささ。

では、それらを踏まえた上で自分は何を言えるのか？　戦争を知らない世代として後世に伝えられるものは何なのか――。

私は自分にとっての〝平和〟というものを深く深く掘り下げていきました。

それにしても〝平和〟というのは何なのでしょう？

反戦・反核という平和もあります。紛争のない世界を作るという平和もあります。

かたやコタツでみかんを食べている家族のだんらんを平和だと感じる人もいます。最終的には一人一人が心穏やかで調和がとれた状態が平和というものになるのでしょうが、それでも平和の捉え方は百人いれば百通りという多様性があるように私には感じられます。

そして私は平和というものはこちらが「こう」と決めて押し付けるものではなく、個々が感じるものであり、それを感じるサポートをすることこそ重要なんじゃないかと思うようになっていきました。

未曽有の悲劇から立ち直った街が持つメッセージ

一方で視点を広島に移すと、広島は平和を訴えることのできる街とよく言われます。それはもちろん、世界に2つしかない原爆を落とされた街ということに起因しています。

今も世界中から多くの人が広島にやって来ます。とりわけオバマ大統領（当時）が平和記念公園を訪問した2016年5月27日以降は、以前にも増してこの地を訪れる旅行客が増えたという実感があります。彼らの目当ては原爆ドームであり、平和記念資料館でしょう。慰霊碑であり、原爆の子の像であり、平和の灯でしょう。

しかし彼らが見たいのはそれらが象徴する〝悲惨な過去〟だけなのでしょうか？人類史上例を見ない悲劇が起きた現場を、その目で確かめたいだけなのでしょうか？

私はこの街のポテンシャルはそれだけに留まらないと思います。

もちろん原爆ドームも平和資料館もわれわれの大事な宝であり、原点です。しかしそれは1945年8月6日を指し示す過去のものばかりです。

私はそんな悲惨な事実を踏まえつつ、その悲惨さからこの街の人々が立ち上がり、今これだけの都市として復興していることこそが大事なメッセージになると思うのです。一発の爆弾によって一般市民を含む十万人近い人々が焼き尽くされ、ほぼすべての建物が破壊されたこの街が、70年以上の月日を経てここまでの繁栄を取り戻している。人々は明るく、豊かで、いきいきとした笑顔の暮らしを送っている。

広島は戦争の悲惨さを感じられる街であると同時に、そこから立ち直った人間の強さ、しぶとさ、たくましさを感じられる街であるということ――。

私は「それなら本心から訴えられる」と思いました。

原爆の悲惨さや戦争の残酷さに関しては当事者になれないけど、そんなことのあった土地で、それでも楽しく暮らしている、いきいきと人生を謳歌《おうか》している――それならば自分のこととして語ることができます。今のこの街の姿で表現することができます。

さらにそれは、今、紛争で苦しんでいる街の人たちにとっても救いとなるかもしれません。〝廃虚から立ち直った街〟という事実にフォーカスを絞れば、広島は人種や宗教、政治やアイデンティティーを超えて全世界に勇気と希望を伝えられる街になれるかもしれないのです。

私の中でもやもやしていた想いは、屋上からの風景を目にした途端、火花が散るような勢いでひとつにつながりました。

原爆ドーム越しに広がる、この街の風景。それは過去を乗り越えた現在を映し出すとともに、その先に広がるさらなる未来をも私たちに考えさせる力があるように思えます。

先ほど「この景色こそがメッセージなんだ。これを見せることが私の使命なんだ！」と直感したと書きましたが、本当のことを言うとこの瞬間、私はもっと激しい欲望を抱いていました。それは――

「この景色を他の誰にも渡したくない。特に広島という街に興味のない、お金のためだけにこのビルを買おうとしている人には絶対渡したくない！」

このときの共同見学会には私以外に当然何人もの方が同席されていました。なかにはわざわざ東京からやって来た大手不動産会社の方もおられます。

「このビルは東京からパッと来たような人に買わせちゃダメだ！」

ただの独占欲なのか、それとも広島人としての血がそう言わせたのかはわかりません。

しかし私は屋上の手すりに腕を置いたまま、一瞬でそこまで考えていました。自分はこのビルを買えるような人間ではないと訴える理性を頭から追い出して、なおも湧き上がる闘志、使命感、理想のビジョン――。

最終的には「これは運命の出合いだ！」という信念がすべての困難をなぎ倒し、このはてしない計画を推し進めていく原動力になります。

雨の原爆ドーム、外国人観光客の後ろ姿

結局、ビルの屋上にいたのは20〜30分でしょうか。

その間、私はこみ上げる興奮を必死で抑えながら、その一方で冷静に事の成り行きをシミュレーションしていました。

実は以前、広島でも東京スカイツリーやあべのハルカスのように街を一望できる塔

を建てようというアイデアは出ていたのです。それはマツダスタジアムに移転して空き地となった旧市民球場跡に、原爆が爆発した高度と同じ約600メートルのタワーを建てようという計画でしたが、市民や団体からの「上から爆心地を見下ろすとは何事か！」という文句によって断ち切られた経緯がありました。

また、展望台を作ってお金を取ったりすると「平和を商売利用するなんて何事か！」と猛反発を喰らうだろうということも、たやすく想像できました。

しかしそんなマイナス材料を並べても、私の決意は一向に揺らぐことはありません。その程度の反対意見なら必ず説得できる。それよりどんな人でもこの風景を見たら絶対感動するはず――。

私はそれくらいビルからの風景に惚れこんでいたし、自信を持っていました。いろんな反対意見や「平和で金儲けするのか？」という中傷は必ず出るだろう。だけどこの景色は俺が見せなきゃいけない。世界に向けたメッセージのために、広島という街の未来のために、この場所は人々に開放しなければいけない――。

そしてすぐさまスマートフォンを取り出し、計算してみました。

平和記念資料館に訪れる人の数は……年間だいたい110万人。そのうち半分が上がるとして55万人。タワーの入場料を仮に300円として試算すると、年間収入は約1億6千万円強……500円にすると3億円近く……これはすぐに黒字になる。もしかしてこのビルはわれわれが買えない物件ではないのかもしれない……。

社長として最低限の理性は、まだ働いていました。まあ、それはその後の展開を考えるとあまりに甘っちょろい想定だったと言わざるを得ないのですが……。

とにかく私は出合いの興奮に包まれて、ビルを下りました。

そのときはまだビルの責任者に何も告げませんでしたが、頭の中ではすでに社内でどうプロジェクトを作って進めていくかということを考えていました。このビルを購入すること、屋上からの景色を開放すること、というのは私にとって揺るぎないミッションとして固定されていたのです。

その日から数日後、私は一人で原爆ドームに出向きました。心の中ではビルを買うことは決めていましたが、さすがに大きな買い物です。失敗すれば会社にはもちろん、社員たちにも大きな迷惑をかけてしまいます。

本当にそれでいいのか。これを行動に移していいものか……私は決断への最後の一押しを求めて原爆ドームの前に立ちました。

その日は雨が降っていて、ドームはしっとりと濡れていました。私は雨が傘を叩く音を聞きながら、70年以上この街を見守り続けた世界遺産を眺めていました。

私の前を多くの人が通り過ぎていきます。雨にもかかわらず平和公園はたくさんの観光客でにぎわっていました。

なかでも目立つのは、やはり外国人観光客です。彼らは向こうから歩いてきて、原爆ドームの前で立ち止まります。きっと資料館を巡り、慰霊碑に頭を下げ、その足でここまでやって来たのでしょう。彼らは大きなリュックを背負い、首から一眼レフのカメラを提げて、傘をさして原爆ドームまでたどり着くと、苦しそうな態勢で何枚もドームの姿を写真に収めました。それがひと段落するとポケットからガイドブックを取り出し、それを眺めて、また元来た方向へトボトボ帰っていきます。

雨なのでベンチは濡れ、座って休むことはできません。当時公園内にはレストハウスが一軒だけありましたが、そこも老朽化が激しく快適とはいいがたい状態でした。唯一屋内で休憩できる場所は資料館の東館にしかなく、そこまでざっと500メートル弱——さっき来た道を再び歩いて戻るしかないのです。

広島産業奨励館の遺志を引き継ぐ

雨の中、傘をさし、大きなリュックを背負って歩く外国人観光客の姿は、私には平和の巡礼者のように見えました。そしてこの街に住む人間として、心から申し訳ない気持ちになりました。

ここは世界遺産であり、世界平和のシンボルであるはずなのに、雨風をしのげる場所すらない。一息つける場所もないというのは一体どういうことだろう……。

それは以前から言われていたことでした。平和公園には修学旅行生がお弁当を食べられる場所がない。語り部がゆっくり話を聞かせられる場所もない。いったん雨が降れば特に不便で、平和資料館本館の建物を屋根代わりにして、吹き込む雨に耐えながらお弁当を食べたり、語り部の話を聞いたりという光景が日常的に見られていました。

いくらなんでも、これではせっかく広島に来てくれた方々に失礼ではないか？　お茶が飲めたり、くつろげる場所を提供するというホスピタリティーの精神があまりにも欠けているのではないか？

そう思うと、私の中にさらなる考えが湧いてきました。

〝平和のメッセージ〟という観点からビルの屋上を開放し、展望台とすることには意義があるが、それと同時に〝観光・産業〟という視点からもあのビルは街に貢献できるのではないか？

それは広島を訪れた方々に憩いの場所を提供するという意味に加え、もうひとつ私には以前から思うところがありました。

それは原爆ドームの周辺に活気が足りないのではないかということでした。もちろん、平和公園は鎮魂の場であるという性格上、騒がしい場にしたくないという気持ちはわかります。商業的なネオンがきらめき、うるさい宣伝文句が絶え間なくスピーカーから吐き出されるような環境にはもちろん私も反対です。

しかし、だからといってここまで何も手を加えないというのはどうなのでしょう。さきほどの言葉で言えば、ここは〝死〟の匂いばかりが強く〝生〟の匂いが足りないように私には思えます。〝過去〟へのまなざしは当然必要ですが、それを踏まえた〝現在〟であり、〝未来〟に向けた視線というのも同時にあるべきではと思います。

原爆ドーム自体も原子爆弾によって破壊される前までは広島県産業奨励館であり、県内の名産品を各地にアピールするための文化拠点でした。当時は建物内に映画館や美術館も併設されていて、私の祖母や父は子どものころによく遊びに行ったと話していました。

その産業奨励館が果たしていた役割は今どこが担っているのか？　まだ誰にも知られていない名産品だったりお土産、広島が誇る技術、名品というものはたくさんあります。それらをここに集め、国内外から広島を訪れる観光客に紹介すれば〝復興した街・広島〟のさらなるアピールになるのではないか？　このビルが産業奨励館の遺志を引き継いでもいいのではないか……？

さらにもうひとつ、私が思ったのは広島という街のグランドデザインについてです。雨のなか、資料館や慰霊碑の方向からやって来た観光客たちは、みな原爆ドームにたどり着くと踵を返して元来た方向へ戻っていきました。それはある意味、原爆ドームが一方通行の行き止まりのような役割を果たしていて、Ｕターンするしかないようなコース設定になっていたからです。

その原因は、この広島東京海上日動ビルがオフィスビルだったということに起因しています。原爆ドームの裏に位置するこのビルが人の流れをせき止めることによって、広島の街の回遊性は失われていました。

でも、もしもこのビルの1階が開かれたスペースになれば……資料館、慰霊碑を見てきた観光客は、原爆ドームをへて、このビルを通って、広島の中心地である紙屋町にまっすぐ抜けていくことができます。地下街のシャレオ、そこに駅があるアストラムライン、そしてバスセンターにも行きやすくなり、一気に活動の範囲は拡がります。正直かつて広島最大の繁華街と言われた紙屋町は、カープの本拠地がJR広島駅近くに移り、市民球場が解体されたことによって、地盤沈下を起こしていました。

このビルがハブ（中核）になることで再びこのエリアは活性化するのではないか？平和公園と紙屋町を結ぶ結節点ができることで、旅行者が街を歩き回るようになり、広島に新たな人の流れが生まれるのではないか……？

考えても考えても、浮かんでくるのはプラスのアイデアばかりでした。

どれだけ考えても答えはひとつしかありません。このビルを買い取り、改装することで、この街は飛躍的にスケールアップする。私たちは広島をスケールアップさせるための起爆剤になることができる——。

雨は降り続いていましたが、もう迷いはありませんでした。小走りに会社へ戻る私の足取りはきっと弾んでいたに違いありません。

行政の助けを借りず、自分たちの力だけで作ろう

しかし、そこからの道のりは想像以上に長く、苦しいものでした。

私が広島東京海上日動ビルに出合ったのが2009年。これを買い取って「広島マツダ大手町ビル」に改称したのが2010年。そこから3年後の2013年に改修計画発表、翌年2014年に工事開始。そして「おりづるタワー」プレオープンとなったのが2016年7月、グランドオープンが9月……出合いから完成まで7年もの歳月を費やしたことになります。

ただでさえ遅れに遅れた工期でしたが、少なくとも私は、タワーのオープンを被爆70周年を迎える2015年8月6日までにはと考えていました。しかし予定は大きく

ずれ込み、実際のオープンまではさらに1年以上かかることになりました。

大変だったのは社内の調整ではありません。私がこの計画を発表したとき、社員たちは最初こそ驚いた顔を見せたものの、すぐに理解を示してくれました。私はこれまでスーパーワンマン体制で社長業を行っており、今回も私の一声でプロジェクトチームが結成され、即座に動き出すことになったのです。

難航したのは対外的な部分でした。

調査の結果、このエリアの建物は世界文化遺産と共存しうるものにしなければいけないという理由から高さ規制をするという答申があり、原爆ドームの高さである25メートル以上の建築物は新築の許可が下りないということがわかりました。当時の広島東京海上日動ビルが12階建てで高さ50メートル強。現実的に考えて、新築ではなく改修にしないと採算が取れないという結論はすぐに導き出されました。

じゃあ、どのように改修していくか……？　それ以前に私は、当初全体の予算を30億円とはじき出していました。ここに市や県から補助金をもらうことで成り立たせようという算段です。私はこれから作ろうとする建物は広島という街にとって公益性のあるものになると確信していたので、市や県から援助をもらうことは当然と考えていたのです。

しかし、行政は態度を濁すばかりで、一向に話が進みません。補助金に関しても、こちらの話をのらりくらりとかわし、決して結論を出そうとしません。

やはり大きなプロジェクトは、強烈なリーダーシップがないと実現しないものです。多くの人が参加する合議制を採用すると、それぞれのエゴがぶつかり合っていつまでもまとまることがない――恥ずかしいことですが、それは広島の街に昔から息づく悪しき伝統だと思います。

情熱はあっても、なかなか許可が下りません。大枠では「いいですね」「賛成です」という意見が大半なのに、いざ具体的な話になるとみんな「そんな例はこれまでなかったので……」「ウチの部署では決められないので……」といった調子でクモの子を散らすように逃げてしまいます。

まったく進展しない行政とのやりとりに私は疲れ切っていました。未来の街のビジョンを熱く語り、ときに卑屈な笑いを浮かべ、私はあの手この手を使って交渉をまとめようとしましたが、先方はどうしても納得してくれません。

そんな私を見かねたのか、弊社の老財務部長はついにこんなことを言い出しました。

「社長、もう自分たちでやりましょう。お金はなんとかなりますよ。だから社長の思うようにやってください」

その言葉が私の背中を押しました。

これまで行政の支援ありきで考えていたけど、もう他人に期待するのはよそう。その代わり誰にも文句を言わせず、自分たちの理想通りのものを作ろう。自分たちの力だけで自分たちが満足できるものを作って、それを直接世に問おう――。

私の中で腹が据わった瞬間でした。そのときから私は甘えを捨てて、全責任を自社で背負う覚悟で「おりづるタワー」に向き合うと決意したのです。

最終的には、目論んだ予算の3倍もかかってしまうのですが――。

「それを決められるのはおまえしかおらんのじゃ！」

迷う私の背中を押してくれた財務部長とは別に、私がおりづるタワーに向かう上で大きな力になってくれた人物がいます。

それはこのタワーの設計を手掛けてくれた三分一博志《さんぶいちひろし》です。

三分一は広島県在住の建築家で、これまで直島ホール（香川県）や犬島精練所美術館（岡山県）、六甲枝垂れ（兵庫県）、宮島弥山展望台（広島県）などを手掛けてきました。自然を生かした設計が得意で、海外でも高く評価されている気鋭の建築家の一人です。

私が彼のことを三分一と呼び捨てにするのは理由があります。

実は彼は高校時代の同級生なのです。通っている学校こそ違いましたが、かつて一緒にバカをやって遊んだ仲間でした。そんな彼は学校卒業後建築の道に進み、私は紆余曲折の末、地元の会社の社長となり、20年前には広島マツダ尾道山波店を彼に設計してもらうなど大人になってからも交流は続いていました。

広島東京海上日動ビルの話が浮上したときも、私の頭に真っ先に浮かんだのは三分一の顔でした。広島で育った彼は、もちろん広島を愛していて、平和についても深く理解しています。おまけに、今も広島に事務所を構えています（それも平和公園のすぐ近く！）。

私はビルの内見を終えると、日を開けずに彼の元を訪ねました。原爆ドームの横に立つビルを買ってリノベーションしようと思う。屋上は展望台にして、1階はカフェや土産物屋にして、その上はオフィスにしようと考えている……というおおまかなイメージを伝えると、彼は即座に、

「絶対ええもんができる」

と断言してくれました。

それからはしばらくの間、私は三分一と二人三脚で計画を練りました。それはまだ社員たちにこの件を告げる前のことで、この時期はあくまで個人の興味としてタワーのイメージを構想している段階でした。

やがて2人の話はヒートアップしていきます。ひとつの建物の構想を超え、広島という街の未来図へと広がっていきます。

私たちは故郷・広島をどういう街に成長させたいのか？　この街が持つポテンシャルを十分に発揮させるためには、どのような街づくりが必要なのか？　公園は、大学は、図書館は、公営住宅は、サッカースタジアムは、どのような場所に置いて、どのように機能させていけばいいのか……？　いつしかわれわれは平和公園を中心とした街の未来のグランドデザインを描き、その中心にタワーがあるというスケールで物事を考えるようになっていました。

しかし前述したように、行政との交渉は難航し、計画は座礁しかけます。

情けない話ですが、実は私は一度理想を捨てようとしたことがありました。屋上を展望台に、1階をカフェや土産物屋に……といった計画をあきらめ、簡単な耐震工事だけをほどこしてオフィスビルとして活用すること、または全部壊して5階建ての立体駐車場にすること――そちらのプランも検討してみたのです。

経営のことだけ考えれば、あきらかにこちらの方が採算は合います。リスクも労力も少なくて済みます。今起こっている面倒極まりない摩擦からも解放されます。私は〝経営者としての賢明な判断〟という名目で次第にそちらに傾こうとしていました。

そんな私の弱気を止めたのは、三分一の一言でした。

「これは広島のためにやるんじゃ。絶対いいものになる。やるかやらんか……それを決められるのはおまえしかおらんのじゃ！」

その言葉が易きに流れようとする私自身を踏み止まらせてくれました。私は三分一の建築家としての情熱に引っ張られる形で、再び軌道を理想の上に置き直しました。

そこからは、もう迷うことはありませんでした。

私は社員たちと力を合わせ、新しい仲間を加え、おりづるタワーの完成に向けて突き進んでいったのです。

第2章

おりづるよ　空を翔け
時を超え　心に届け

～「おりづるタワー」へようこそ～

明日、２０１６年7月11日(月)
大きな転換点になるので、今この時に

２０１０年７月６日に土地建物を取得、
丸６年。構想からは６年半。
最初は物見遊山的に屋上へ。
しかし、その眺望に心を奪われた。
そして、その瞬間から、はじまった。

『市民や観光客に、この景色を観てもらいたい。』

屋上から歴史と未来を感じられる場所、

訪れた観光客が賑わい憩える場所、
酷寒猛暑と雨風をしのげる場所、
修学旅行生が学習できる場所、
広島地産を紹介できる場所。

一人ぼっちの頭の中だけで巡る理想は、少しずつ仲間を加えながら現実化していく。

解体から建設。毎日１００人以上がタワーで作業。お会いしたことない社長や従事される方々に、挨拶もせず横切りながらビルは少しずつ姿を表す。

建設だけでなく、一体何名の方が関わったのだろう。重ねた人数と年月。感謝。

柱のキズ、棚のホコリさえ愛おしい。

そんな、これまでお世話になった方々に招待券をお送りしたが、これも抜け漏れの嵐。深謝。お越しの際はどうか私まで連絡を。

一人ひとりのアイデアを積み上げた。毛細血管の如く細部にまで魂が宿る。

行政からの補助は諦めた。自分たちだけでやろう。でも同時に費用も加算していく。当初試算の3倍に。

おい、このまま行くのか？　退くか？

よし、そのまま行こうか。

故郷を愛する広島市民として、中小企業の経営者として、今の自分ができることを精一杯やってみよう。

色々言われるだろうなあ。高い値段とか低い景色とか。まあ文句言う人は常にたくさんいるから。

でも50年後にはそんな人もいなくなるはず。自分ももちろん存命していないが、その時には借金も返せてるだろう。

おりづるタワー。

これまでの集大成。
今の自分にできること全て。

いよいよ明日、披露する時。
叶った夢。諦めた夢。人生色々。
この夢は、叶う方に進むのだろうか。

未来よ、どうか
世界を、幸せに。

そして、
自分の選択が正しかったことを。

廃虚から紡いできた情景のように。
空を翔け、時を超え、心に届け。
おりづると共に。

2016年7月10日（おりづるタワー・プレオープンの前日）の
Facebookより転載

嚴島神社の境内に踏み込んだような「ひろしまの丘」

第1章ではどのような経緯をへておりづるタワーができるに至ったのか、その過程についてつづりました。

この章では具体的に各フロアや店舗をどのように作っていったのか、試行錯誤も含めて公開しながら、それぞれの要素に込めた想いや見どころを紹介していきたいと思います。

では発案者自身による、おりづるタワー案内に出かけましょう！

まず最初、建物全体のイメージに関してですが、私が三分一に伝えたのは「ツタに覆われた甲子園球場みたいな雰囲気にしてほしい。パッと見た感じ、大きな森に見えるようなビルが理想だ」というものでした。

そもそも私は日本の街の景観に不満を持っていました。日本は地震国ゆえ、建築に関してたくさんの構造上の規制がありますが、デザインについては明確な基準がありません。その結果、各建物の様式がバラバラで景観に統一感がなく、街の風景がハレーションを起こしているようにチグハグに見えることが多々ありました。

私は建築のプロではありませんが、それでもせっかく作る新しいビルが街の風景から浮いてしまうものになることだけは避けたいと思いました。しかも隣に建つのは世界遺産の原爆ドームです。こちらが主張しすぎて原爆ドームを威圧してしまうようでは何の意味もありません。

私が思い描いていたのは、緑に覆われた平和公園の延長にある、こんもりとした山のような建物でした。新築ではなく改築という手法をとることもあり、古いものと新しいもの、人間の技術と自然といった相反する要素がスムーズに調和していることが大事だと思っていました。

建物全体を植物で覆って、大きな森のように見えるビルを作るというアイデアはさまざまな現実的問題を前に実現しませんでしたが、当初の方向性を色濃く引き継いだ場所がひとつ残りました。

それがおりづるタワー一番の目玉であり、私が惚れ込んだ街の全景を観ることができる屋上展望台「ひろしまの丘」です。

ひろしまの丘はウッドデッキになっています。足元はヒノキの板で覆い尽くされ、屋根を支える円柱も同じくヒノキを使用しています。さらに屋根にはスギ材を使うなど、目に入る部分の素材はほぼ木材で統一しています。

さらにひろしまの丘という名の通り、この展望台には勾配が付いています。正面入り口から階段を上がっていくとそこが丘の頂上にあたり、頂上から前に、左右に、ゆるやかに坂を下りていくという仕組みです。スロープのある造りと木でできた質感のせいで、初めてひろしまの丘を訪れた方はまるで嚴島神社の境内に踏み込んだような静謐《せいひつ》で荘厳な雰囲気を感じるはずです。

丘からまっすぐ前に進んでいくと、眼下に原爆ドームと平和記念公園が出現します。この場に漂う静謐さ、荘厳さは来場者にゆっくり平和を考えてもらうための私たちなりの環境作りと考えてもらって構いません。

そしてもうひとつポイントとなるのは、この展望台には外壁がないことです。ここには転落防止の柵もなければ雨風を防ぐガラスもありません。入口以外の三方を覆うのはワイヤーロープで編まれたメッシュ。ひろしまの丘は一見、遮るものが何もない吹きさらしの空中にいるような環境の中で、広島の風を、広島の匂いを感じてもらう設計になっています。

多くの観光客はこのひろしまの丘に立つと驚きの声を上げます。外国の方であれば「WOW!」という軽い叫びの後、ホ〜ウというため息が聞こえたりします。

おりづるタワーの展望台は地上約50メートル。東京スカイツリーの展望台が450メートル(2つの展望台のうち高い方)、あべのハルカスの展望台が300メートルであることと比べると、高度という意味ではその足元にも及びません。

しかし、眺望の価値は単純な高さで決まるものではありません。原爆ドームや平和記念公園を正面から見ることのできる展望台のロケーション、人や建物の存在を肉眼で味わうことのできる〝ちょうどいい〟距離感、そして癒やしと安らぎに満ちた世界中でここにしかない空間設計……おりづるタワーが勝負するのは高さではなくそういった情緒であり、私たちはそこに関しては誰にも負けない自信を持っています。

展望台を木製・屋根つきにした理由

ただ、最初から展望台をこのような雰囲気に仕立てようかと思っていたのかと訊かれると、口ごもってしまうのが正直なところです。

実は最初、屋上のデザインは現在とはまったく違うものでした。材料にヒノキやスギなど使うつもりはなかったし、丘のような勾配を造るつもりもありませんでした。私がイメージしていたのは、コンクリート製の床にガラスの屋根、足元はフラットという、どこにでもあるような平凡な展望台でした。

それを変えたのは三分一でした。

まだ社内にビルの買い取りの話を伝える前、私と三分一はふたりだけで改装のアイデアを練っていました。そこでは「ひとまず費用のことは考えず、夢や理想をすべて出してみよう」というところからスタートしました。まず現実ありきではなく、理想ありきで物事を考えよう。どうせ現実はのしかかってくるのだから、最初くらい妥協なく最高のものをイメージしてみよう。われわれはこのプロジェクトを青臭い理想論からローンチさせることを選んだのです。

そのとき三分一が出した設計案が今のものでした。

「お金のことなんてケチケチ考えず、とにかくブッ飛んだアイデアを出してくれ！」

確かにミーティングでそう言ったものの、いざそれを出されると途端に弱気の虫が顔を出すのが私です。全て木材で覆われた神殿のような展望台って……これは一体いくらかかるんだ？　しかも木だからメンテナンスも大変だろう。こんなものを許したら、いくら予算があっても破産してしまうじゃないか！

私は冷静を装い、言いました。

「どうして屋上に丘なんか造るんだ？　普通に平らでいいじゃないか」

三分一は平然とした顔で返します。

「いいか、これは風を呼び込んでるんだ。見てみろよ、これだと窓の方が天井が広くて、入り口の方が低い。つまり外に面する部分は広くて、奥に進むにつれてぐっと狭まっていく。だから風が流れるんだ。これは構造的に風を作ってるんだよ。常に風が吹き抜け、風が感じられる展望台って魅力的だと思わないか？」

私はなおも食い下がりました。

「じゃあ屋根はなんだ。屋根があることで空は見えないし、そもそも視界が狭まってせっかくの風景が台無しじゃないか。屋根はいらないだろう。もし付けるのならガラス張りで半分程度の大きさにして、雨が降ったときにテントを引き出すくらいでいい。外の景色を見せるのが展望台なのに、視界を遮ってどうするんだ」

しかし三分一はまったく譲る気配を見せません。

「大丈夫だ。ちゃんと計算してあるから安心しろ。隠すことで逆に拡がるものもある。絶対こっちの方が風景は映えるはず。こんな展望台、世界中探してもどこにもないぞ」

結局、私は三分一の熱意に押し切られる形で設計にGOサインを出すのですが、今は彼の言うことに従ってよかったと素直に思います。

実際、私が完成したひろしまの丘に立って感じたのは、屋根があることの圧迫感ではなく、屋根に遮られることでパノラマサイズに拡がる風景のスケール感でした。見える部分を限定することで自然と視線はそこに向き、風景が身近に感じられます。特に夜景は素晴らしく、空や星をあえてカットすることで宝石を散りばめたような街のきらめきがダイレクトに目に飛び込んできます。

さすがにプロの頭の中は違うな……長い付き合いの友人ながら私は改めて三分一の才能に感服しましたが、さらに、ひろしまの丘の空気感は私がイメージしていた平和観とも見事に合致するものでした。

前章で私は自らの平和観についてつづりました。

平和の解釈というのは多種多様なもので、実際の戦争を知らない私たち世代が「こう」と決めて押し付けられるものではない。私たちにできるのは、各自が「これが平和ということなのかもしれないな……」と感じられる場所や時間を提供することであり、来場者の思索の手助けをすることだけである——と。

その解釈を踏まえるなら、おりづるタワーの展望台に求められるものとは一体何でしょう？　平和を感じられるスポットとしての記号性、ゆっくり物思いにふけることのできる落ち着いた雰囲気、時間に追われずいつまでもたたずんでいられるいい意味での放っておかれ感、来た人を優しく包み込むあたたかな空気……。

そう考えると確かに使う材質は冷たいコンクリートじゃないのです。ガラスもまた違います。心が癒やされるスタティック(静的)な空間。風が吹き抜け、木々の肌触りが感じられるオーガニックなステージ。その中央にはなだらかな丘があります。ここに座って情景を自分の身体に取り込むことで、心と景色を同化します。それは惨劇から立ち直った今のヒロシマの全景を眺めてもらうのにちょうどよい、理想的な環境ではないでしょうか。

ここから見える風景の向こうに、来場された方それぞれの故郷を思い描いてほしい。過去を確かめ、現在の風景を目にすることで、「この景色を自分の子や孫にも残したい」という未来への決意を育んでほしい。その際、ここに吹く風や木のぬくもりが、きっと物言わぬメッセージとして寄り添ってくれるはず――。

ある意味、私たちはここに来られる方の感受性と想像力に賭けたのです。ここを本当の自分を見つめる瞑想《めいそう》の場として、日常からエスケープするための浄化の空間として使ってもらいたいと思ったのです。

それゆえ、ひろしまの丘は木製の、この造りでなければならなかったのです。

この場所が持つ凛とした雰囲気を守りたい

ちょっと話がずれますが、屋上展望台についてここでもうひとつ書かせてください。おりづるタワーがオープンしたとき、一番多く寄せられた意見は「入場料が高い」というものでした。

ひろしまの丘に上るための入場料は一般価格で大人1700円、中・高生900円、小学生700円、幼児（4歳以上）500円です。

料金に関しては本当に悩みました。当初は800円程度という試算をしていましたが、行政からの補助金が下りず、さらに工費がかさんだこともあって最終的にこの金額にせざるを得ませんでした。

私としては被爆者健康手帳をお持ちの方は無料にするなど、これまで広島の街を支えてきた先人たちには十分敬意を表したつもりですし、未来を担う学生、こども料金は安価に設定しました。また、「映画を観るような感覚で来てもらえれば」という想いからこの値段にしたのですが、「たった50メートルの高さしかない展望台でこの値段は高すぎる」「あべのハルカスより高いなんて！（注：あべのハルカスは大人1500円、中・高生1200円、小学生700円、4歳以上の幼児500円）」といった意見がそれこそ山のように寄せられました。

なかには「平和を使って儲けようとするなんてとんでもない！」という声もありましたが、これは地方の中小企業が税金の援助を1円も受けず作ったもの。入場料だけで建設費用を賄おうと思ったらこの金額設定は致し方ない、ということをご理解をいただければありがたかったのですが、なかなかそれは難しいお願いのようでした。

ただ、ひとつ――これは強がりのように聞こえるかもしれませんが、私どもはあえて値段を1700円に設定したところもあります。

というのも、最初に私がひろしまの丘に上がったとき、素直に抱いた感想は「想像より素晴らしい」ということと「思ったより狭いんだな」ということでした。

すごくいい、だけど、意外とちっちゃい――。

もし、ここに大勢の観光客が来てワーッと騒いだらどうだろう——？　私は想像してみました。せっかくの凛とした雰囲気がぶち壊されて、情緒もへったくれもない空間になってしまいます。この場は高さをウリにする機能的価値ではなく、味わいや居心地に重きを置く情緒的価値が求められる場所です。だとしたら、ラッシュアワーのように大勢の人に来てもらっても逆に困ります。多くの人には来てもらいたいけど、多くの人が来てしまうとせっかくの風情が失われてしまう。しかし人が来ないと入場料収入が確保できない。さて、一体どちらを選ぶべきか……。

その二択のなかで私は後者を選ぶことにしました。ひろしまの丘の肝は、なによりこの禅寺のような張り詰めた空間の美にあります。値段を安くして多くの方にそれを味わっていただくより、その価値を損なわない形できちんと保ち、わざわざここまで来てくださった方に思いきり堪能してもらいたい——そのように判断したのです。

〝この価値がわかる人だけと向き合おう〟

その判断が正しかったのかどうかはわかりません。

ＳＮＳなどでは「おりづるタワー、ガラガラだった」「経営大丈夫か？」といったコメントが散見されますが、それは想定の範囲内であり、むしろ〝あえて作ったガラガラ〟でもあります。

大事なのはその静かな環境の中で、来場者一人一人が何を感じられたか？　穏やかで豊潤でピースフルなひとときを過ごすことができたのか？

ＳＮＳでは厳しい意見や心配の声と同時に「来てよかった」「素晴らしい時間を過ごすことができた」という賞賛の声もいただいています。私たちにはお褒めの声とお叱りの声の両方をしっかり受け止め、その上で自分たちが何を守り、何を提示していきたいのか、常に考え続けることが重要になると考えています。

その流れで言えば、ひろしまの丘は決して現時点で完成したスポットというわけではありません。

3年目を迎えた夏には夜間ライトアップを行い、そのなかで音楽を流しながらお酒を味わう「ルーフトップバー」という企画を行いました。広島の夜景とバースタイルの組み合わせは大きな評判を呼び、フランスやニューヨークからいらしたお客様に「世界中いろんなところを見てきたけど、こんなにカッコいいバーは他にない！」という嬉しいお言葉をいただきました。

今後は寒い冬でもグランピング（グラマラス＋キャンピングの意味。テントなどを張って豪華なキャンプを楽しむこと）とのセットで営業を行い、常時この企画を楽しんでいただきたいと計画しています。

さらに春には床に芝生を敷いて、天井を花で飾りました。秋には白樺を植えてみました。他にもキャンドルイベントを行ったり、コンサートにヨガイベントも……屋上展望台は今後も四季折々で見せ方を変えながら、さまざまな試みを続けていくつもりです。

日本中――いや、世界中――どこを探しても他に見つからない唯一無二のスペースであるこのひろしまの丘。その魅力をいかに引き出していくか、私たちの挑戦はまだ始まったばかりですし、今後は一度来られた方であっても何度も足を運びたくなるような進化と変化をこの場所に刻んでいければと思っています。

なお、この「ひろしまの丘」は音源も光源も木の下、つまり床の下から音と光が出ています。これは音楽やライトが直接外に飛び出していかないように、つまり隣の原爆ドームや平和公園の雰囲気を壊さないように配慮しています。まるで木漏れ日のように。

ここに昇ったらぜひ寝そべって、板の間に耳を当て、隙間の光も感じてみてください。

日本の最新テクノロジーを紹介する「おりづる広場」

次にみなさんを案内したいのは屋上展望台から1階下に下ったフロア、12階にある「おりづる広場」です。

ひろしまの丘は屋上にあたるので、12階は建物の最上階になります。かつてここが広島東京海上日動ビルだったころ、このフロアは役員室として使われていました。だから他のフロアより、少しだけ天井が高い造りになっていました。

最初はその天井の高さを生かして会議室やレストラン、カフェ、休憩所、VIPルーム、コンベンションスペース……などさまざまな候補を考えましたが、最終的にこのフロアも展望台にすることにしました。

やはり展望台が吹きさらしの屋上だけだと、悪天候のときや気温が低い冬の季節は景色をゆっくり見られない可能性があります。特に、お子様やご老人も来場されることを考えると、空調の効いたスペースは必要だろうという判断に行き着いたのです。

ただ、12階を展望台として使うにしても、屋上と同じことをするつもりはありませんでした。せっかくだからひろしまの丘とはまったく違うコンセプトで平和というものを表現したい。広島の〝今〟をアピールしたい――。

そういう想いから造られたのがおりづる広場です。

このフロアは、屋上が禅寺を彷彿とさせる日本古来の美を感じさせる空間だとしたら、その真逆にある日本の最先端テクノロジーにフォーカスしています。最先端のテクノロジーとは、昨今ニュースで頻繁に目にする、デジタルサイネージ、3D、VR、AR……といった分野のものです。

このアイデアを出したのは若いメンバーたちでした。

今や旅のスタイルはかつてのような観光地を巡るだけのものから、次第に滞在型、体験型へとシフトしています。ただ見て、ただ食べるだけではなく、そこで何を体験できるか、どんな思い出を刻めるか――そんな時代の要請に応え、ここでは主にデジタルコンテンツを使って来場者の方々に平和のためのアクションを起こしてもらう機会を提供することにしたのです。

フロアの中央に置かれているのは、大型のデジタルサイネージに包まれた立方体型の表示装置「CUBE」です。通常、CUBEの3面はそれぞれ異なるコンテンツで遊べるようになっています。

たとえば正面に立った人のフォルムをキャッチし、それを1500枚の折り紙で構成された分身として表示する「アバター avatar」、画面いっぱいに広がる仮想の折り紙を身体全体を使って折っていく「エアー a·ir」、そして折り鶴型の木製オブジェを台に置くことで色とりどりの花火がモニターに打ち上げられる「花火 f·i·r·e·w·o·r·k·s」……どれもお子様はもちろん、日本語が理解できない外国の方でも楽しめるコンテンツとして制作しました。

さらに窓に面したところにも、もうひとつの大型モニターを設置。ここでは「時 moments」というプログラムを流していて、1945年と1957年の広島の実際の風景写真をベースに、そこから街がどのように復興、成長してきたのか、時計を早回しにするように見ることができます。これは「廃虚となった街が70年の歳月をへて現在の活気あふれる街に育った。その復興の足取りを見てもらうことが何にも代えがたい平和のメッセージになる」と考える私の信念をまさに視覚化したもので、バーチャル映像を使って過去から現在へ、現在から過去へ、広島の復興を視認できる仕組みになっています。

ちなみに、このフロアは展望台として使用するだけではなく、これらのハードウェアを用いたプレゼンテーションやコンサート、さらにはパーティー用のスペースとしても解放しています。今、観光業界ではＭＩＣＥ（単なる観光旅行ではなく、会議や展示会、コンベンションなどを主目的とするビジネストラベル）が注目を集めていま

すが、そうしたニーズに対応できる能力もおりづる広場は有しているのです。

平和のためにみんなで築き上げる「おりづるの壁」

おりづるタワーの最上階、おりづる広場にはこれまで説明したデジタルテクノロジーを用いたアトラクションの他にもうひとつの楽しみがあります。

それが何かを説明する前に、おりづるタワーの壁面に不思議な細工がしてあることに気づいた方はおられるでしょうか。基本的にタワーの外観は、全面風景に溶け込むアースカラーが採用されていますが、そのなかで唯一、北向きの一面だけは派手な装飾がほどこされています。

まず、透明ガラスに折り鶴の模様が描かれ、夜にはそれがカラフルな光を放ちます。道路に面したところにはショーウィンドウが造られ、そこにはさまざまな大きさの折り鶴がオブジェのように飾られています。そしてその上を見上げると、丸くくりぬかれたカーブがあり、中に何かが溜まっています。少しずつ、少しずつ、粉雪が地面に降り積もるように、次第に〝かさ〟を増していく色とりどりの粒の集まり――。

その中身は実際に折り紙を折って作られた折り鶴です。数えきれないほどの数の折り鶴が壁面に溜まり、積み重なって、空っぽだったガラスの箱に「おりづるの壁」を作っているのです。

ビルの壁の一部にガラス張りの細長い箱を設置し、来場者に折ってもらった折り鶴を投入することで平和の壁を築いていく――そのアイデアを出したのも弊社のメンバーでした。

彼は私に言いました。

「ベルリンの壁もそうですが、壁というのはよじ登ったり、乗り越えたり、壊したりするものというイメージがあります。でもみんなの力を結集して積み上げていく壁というのは前例のない新しい壁の形ではないでしょうか」

平和のために少しずつ、みんなで積み上げていくおりづるの壁――そのコンセプトが私の胸を打ちました。

12階のおりづる広場は、タワーに上って何かを体験してもらいたい、身体を動かして何かをやったという思い出を持って帰ってもらいたいという願いから作られたフロアですが、デジタルコンテンツだけでなく、実際に折り鶴を折って、それを専用スペースに投入するという行為もひとつのアトラクションとしては有効です。

折り鶴はオバマ元大統領が平和公園を訪問した際、自ら4羽の折り鶴を折って地元の中学生に手渡したことで、核のない平和な世界を願うことのアイコンとして世界中に広まりました。おりづる広場では、世界に知られるこの〝ORIZURU〟を、それぞれの手で折ってもらう場所を提供します。日本文化のひとつである折り鶴の作り方を学んでもらうため、多言語(日本語、英語、中国語、韓国語、フランス語、スペイン語、アラビア語)に対応したWEBアプリも開発しました。

きっと多くの来場者にとって、広島の地で折り鶴を折るという行為は、平和に対する想いを再確認するまたとない機会になることでしょう。特に外国からの来訪者にとっては、自ら指を動かし、カラフルな紙を折り、1枚の平面から鳥の姿を紡ぎ出すことは、自国ではできない貴重な体験になるはずです。

そして、折った鶴を持って専用スペースに進むと、そこは足元がガラス張りでシースルーというスリリングな設計になっています。緊張のなかでそっと手を離すと、ひらひら、ひらひら、まさに鳥が舞うように50メートル下に降りていく折り鶴の軌跡に視線はクギ付けになるはずです。

実は、この壁面の一部をおりづるの壁にするという案は、タワー建設の最後の段階で出てきました。メンバーから提案があったとき、すでにビルの改装案は固まっていて、建築のゴーサインも出ていました。

しかし、私はどうしても彼のアイデアを採用したいと思いました。人種、性別、国籍など関係なく折り鶴に託した平和への想いを積み重ねることで、広島の街中に目に見えるリアルな壁を築き上げる――何度も設計図を見直した結果、タワーの電車通り

側の隣地境界線まで、50センチですが隙間があることがわかりました。この50センチほどのスペースを使えば、折り鶴を投入する壁は作れるかもしれない……。

結局、ギリギリで設計プランを変更しておりづるの壁は実現しました。この変更によって工期は9ヵ月ほど延びましたが、それでもこの決断は、それ以上の好影響をタワーに与えてくれました。

おりづるの壁が与えてくれた貴重な収穫……

それは一体、何だと思いますか？

おりづるの壁の採用によりタワーのコンセプトが決定

おりづるの壁の採用によって得たもの——それはタワーを貫くコンセプトです。

おりづるの壁を作る案を採用して、折り鶴を12階から落とすというアトラクションが決まったことで、このタワー全体のシンボルもまた〝折り鶴〟に決まりました。タワーを飾るデザインのモチーフ、名称に使うキーワード、ホスピタリティの方向性……すべてが〝折り鶴〟を中心に回るようになりました。さらに言えば、「おりづるタワー」という名前もこれを契機に決定しました。

このタワーは最初、社内では「広島ピースタワー（仮）」と呼んでいました。平和記念公園の隣に位置し、平和を感じられる場所にしたいというコンセプトは確定していたので、そういう名前が付くことはある意味自然なことでした。社内でも「ピースタワープロジェクト」という名の下にメンバーが集められ、完成に向けて進んでいました。

しかしその「ピースタワー」という名称は、私にはどこか居心地悪く感じられるところがありました。確かにどんな名前がいいか尋ねると、多くの社員は「ピースタワー」と答えます。それが順当な意見であることはわかるし、普通に考えればそうなのですが……どうしても私は素直に納得できません。

それは前にも言った通り、自分が戦争を知らない、原爆も体験していない人間であるという引け目が大きいと思います。こんな私が〝ピース〟という大仰な概念を振りかざしていいのか？　わかったような顔をして「ピースタワー」なんて名付けて、おまえは本当に〝ピース〟がどういうものかわかっているのか？　ここは展望台に上った人に、自分にとっての平和を感じてもらう場所で、〝ピース〟と建物名に銘打つことは平和の押しつけになるのではないか？　非常におこがましい行為なのではないか……？

そんな問題が、〝おりづる〟という言葉を使うことで、直接的な平和への言及を回避できます。あくまでここは〝おりづるの塔〟なのであって、それをどう感じるかは来場者個々人の判断に委ねられます。〝折り鶴〟というイメージをシンボルとして使うこと。折り鶴に乗せた平和、折り鶴に託した平和への願い……というワンクッション置いたくらいのニュアンスが自分たちが造るタワーにはふさわしいのではないか……。

もちろん〝おりづる〟ではわかりにくい、特に外国の方々には伝わりにくいという意見もあり、最終的には「広島ピースタワー」と「広島おりづるタワー」、2つの案の一騎打ちになりましたが、私は後者を推し、名称はそれに決まりました。英語表記も〝おりづる〟の部分をそのまま生かした「HIROSHIMA ORIZURU TOWER」を正式名称にすることに決めました。

ちなみに「おりづるビル」ではなく「おりづるタワー」にしたのは、たとえ低くてもこれはタワーであるという自負の表れです。いくら「低いよ！」「たった50メートル？」と冷やかされようと、これはタワーであり、上に上ることを目的に造られたものであるという建物のアイデンティティーをそこに込めたつもりです。

つまり、おりづるの壁を造ると決めたことで、「おりづるタワー」という名称が決まり、タワー全体を貫くキーワードが決まったのです。そこから折り鶴はロゴマーク、壁紙、アイコン、名刺、社章、デジタルコンテンツのモチーフ、オリジナル商品や企画のネーミング……などすべてに適用されるデザインの根幹となりました。ご覧になってわかるように、今やタワーのあちこちにはさまざまな折り鶴の模様が配され、まるで建物全体が折り鶴に包まれているようです。

そうした視覚的な部分だけでなく〝おりづる〟という距離感を得られたことは、私たちにとって自分たちの立ち位置――平和というダイレクトなメッセージを打ち出すのではなく、あくまで象徴としての折り鶴に想いを託し、間接的な形でアピールする――を明確にしてくれる大きな一歩になりました。

言うなれば、タワーの中心に一本の太い芯が通ったような感覚です。

まるで巨大な折り鶴が降りてきて、タワーの中心に居座り、鼓動を打ちはじめた。タワーの生命と同期して、おりづるタワーという生き物の心臓が脈打ちはじめた――そんな瞬間だったのかもしれません。

建築家の愛情が感じられる若き日の原爆ドームの絵

おりづる広場にはオープン以降、新たに加わった見どころもあります。

原爆ドームは被爆前、広島の文化拠点である広島県産業奨励館だったことはよく知られていますが、1915（大正4）年に建てられたときは広島県物産陳列館という名前でした。これを設計したのはチェコの建築家であるヤン・レッツル。そのレッツル自身が水彩で描いた広島県物産陳列館の完成予想絵画が2018年、おりづるタワーに寄贈されたのです。

これを寄贈してくださったのは、広島で戦前から電気機器の製作・販売を行っている田中電機工業株式会社の田中秀和会長でした。田中会長は現在、広島商工会議所の副会頭を務めておられますが、商工会議所でお会いしたとき、「この絵はわしが持っとるより、お前のところで飾ってもらった方がええじゃろう」と言ってポンとプレゼントしてくださったのです。

原爆の被害を受けた広島には、文化遺産というものがほとんど残っていません。なのでこの絵は本当に貴重なものです。絵は当時の県知事への説明資料として、レッツル自身が用意したものと言われています。絵は物産陳列館完成後、館内の貴賓室に飾られていましたが、戦争の激化にともない県北の三次市へと疎開。奇跡的に戦火をくぐり抜け、それを田中会長が画廊を通じて入手。おりづるタワーにやってくることになりました。

絵はおりづる広場のなかの、まさに原爆ドームを見下ろす位置に飾ることにしました。かつて広島県産業奨励館に置かれていた水彩画が、70年以上の時を経て元あった場所のすぐ近くへと戻ってきた——そこに私は不思議な運命を感じますし、おりづるタワーを作ったからこそ、その運命が動いたのかと思うと荘厳な気持ちにさせられます。

田中会長は絵を寄贈してくださるとき、「君は広島のために一生懸命やっとるから応援させてもらうよ」と声をかけてくださいました。それは会長がおりづるタワーを平和のシンボルとして認め、この絵を置くにふさわしい場所だと評価してくれたということでもあります。それは私にとって非常に嬉しい言葉でした。

絵は、失われた時間をつなぐ強い力を持っています。建築家自身による完成予想画

とは、ある意味、親がこれから生まれてくる子どもに贈った肖像画ようなものでしょう。絵は淡いタッチで精密に描かれており、この建物に建築家がどれだけ期待を寄せ、愛情を注いでいたのかひしひし伝わってきます。

おりづる広場に来られた方は、ぜひ〝生みの親〟レツルに深く愛されていた幼い頃の原爆ドームの姿をご覧ください。この絵を目にすることで、あなたのなかの原爆ドームは今とは必ず違ったものに見えてくるはずですから。

5つの役割を兼ね備える「散歩坂」の発想

さて、これまで屋上展望台であるひろしまの丘、建物最上階のおりづる広場を案内してきましたが、次にみなさんに紹介するのはそれらを1階からつないでいるスパイラルスロープ「散歩坂」です。

これこそまさに三分一建築の真骨頂と言える部分であり、もしかしておりづるタワーの神髄はこっち側ではと思うところもありますが、散歩坂の説明をする前に、まずビルの耐震工事についてお話しましょう。

広島東京海上日動ビルを買い取った後、私たちは新築ではなく改築という形でこのビルをよみがえらせることを決めました。その際に避けては通れないのが耐震工事の問題でした。建物の老朽化に伴い耐震工事をほどこさなければならないのは火を見るよりも明らかです。それをどういう手法で行うのか。しかもこのビルは原爆ドームのすぐ横にあるので、万が一さえあってはならない。そこで私は、通常の基準より強い耐震強度を要求しました。

普通は梁などで柱を補強して強度を上げる方法が用いられますが、三分一がとった手法は違いました。ビルの西側(平和公園に面する側)のカーテンウォールを外し、そこに頑丈な柱を立ててバルコニーを設置。ビルの東側(紙屋町側)はかつて建っていた立体駐車場を取り壊し、散歩坂を増設——つまりビルの左右にしっかりした支柱を含む建造物を新たに造り、その両方で古い建物を挟み込むことにより建物全体の強度を増そうとしたのです。

さらに言えば、屋上に屋根を付けたことでよりいっそう強度は上がりました（いわばビルの周囲に箱状の構造を造り、それでビルを囲んだ状態）。この工事のために総額3億円近い費用が加算されましたが、おかげで建築基準法の1・3倍近い耐震強度を達成し、現在おりづるタワーは広島で一番地震に強いビルだと胸を張って言うことができます。

ということで、このとき三分一に突き付けられたのは「元の建物を補強するという目的を果たしながら、ビルの東側部分を何にするか？」という問題でした。彼は一発回答でそれに応えてくれました。

「ここは散歩するところなんだ。耐震補強も避難路も兼ねながら、ひろしまの丘までゆっくり歩いて登っていける散歩坂にするんだ」

彼はビルの東側にあたるこのスペースをらせん状のスロープに仕立て、上まで歩いて上がれる仕様にしたのです。

その発想はさまざまな問題を一挙に解決してくれるこれ以上ない名案でした。そもそもこのビルには4基のエレベーターが付いていますが、オフィス部分のことを考えると屋上用には1基しか使えません。しかも柱と柱に囲まれているため、エレベーターは最大25人が乗れるサイズが精一杯です。

これでは来場者全員をさばききれない。繁忙時には長い行列ができて、長時間お待たせしてしまう……でも、だったら元気な子どもや若者には展望台まで歩いて登ってもらえばいいのではないか？　屋上まではだいたい450メートル、トラック約1周分の長さ。その途中にいろんな展示をすることで退屈しないで登れるだろうし、むしろアトラクションのひとつとして楽しんでもらえるのではないか……。

三分一の提案は逆転の発想でした。さらに建築基準法で、ビルには必ず避難路をつけることが義務づけられています。この散歩坂を避難路として申請することで新たに非常階段を付ける必要がなくなり、予算もスペースも他のことに使えます。

私は「さすが、三分一だな」となりました。私はこの部分に補強が必要だということはわかっていましたが、駐車場にするか車で屋上まで上がれる仕組みを作るか、そんなところだろうと思っていたのです。

しかしここを歩いて上がれるスパイラルスロープにして、しかも避難路とアトラクションの役割を持たせる。さらに、もともとあった耐震補強、屋上エレベーターからの乗客分散という2つの役割を加えると、なんとひとつの建造物で5つの役割を兼ね備えることになります。

実際の工事は曲面を多く使う構造や、木をふんだんに使ったこともあって難航しましたが、それでも仕上がりは満足のいくものになりました。
その散歩坂のなかで特に注目してほしいのはスロープの内側に造られたスパイラル状のすべり台です。坂の内側にすべり台……冗談のように聞こえるかもしれませんが、本当にあるんです。これを使えばひろしまの丘から地下まで歩かず降りることができ

るのです。

これも非常時の避難経路でありながら子どもも大人も楽しめるアトラクションにもなっているという2つの役割を兼務しています。子どもたちはキャッキャと声を上げながらすべり台を降りていき、大人たちは平和について思索にふけりながら坂を一歩ずつ登っていく――。

こういう遊び心の利いた仕掛けもまた、おりづるタワーの大きな魅力だと言えるでしょう。

散歩坂の壁面は平和を訴えるマンガで飾ろう！

スパイラル状のスロープの途中に仕掛けを置くことで、歩いて屋上まで上がることがアトラクションになる。しかも避難路の役割も果たしながら――。こうして完成してしまえば当たり前のように見えますが、これも実現までは相当苦労を強いられました。

最初に大きな壁となって立ちふさがったのは消防法でした。私たちはこの散歩坂を非常階段も兼ねた建造物として申請したのですが、消防法では避難経路となる廊下や階段には避難の妨げとなる物件を置いてはいけないことが決められています。

ではどこからが避難の妨げになって、どこまでが妨げにならないのか？　監査する消防署の解釈は非常に曖昧で、私たちは何度も振り回されることになりました。

確かに、避難路に彫刻やオブジェを置いてしまうと、緊急のとき走って逃げられないという指摘はうなずけます。しかし、消防の方々はここに休憩用の椅子も置いてはいけないと言います。椅子があると避難時につまずいて転ぶ人がいるかもしれないという理由です。彫刻やオブジェがダメなら、壁に絵を飾ろうかと思いましたが、それも当初はダメ。理由は「絵が飾ってあると避難の途中で立ち止まって見てしまうかもしれないから」……。

消防署と何度も交渉を重ねた結果、たどり着いた結論は……マンガ。絵は立ち止まって見るものだが、マンガはコマを移動しながら見るもの。だからマンガはＯＫ。非常時に絵を見て立ち止まってはいけない……。非常時に立ち止まって絵を見る人なんていないと思いますけど。苦笑。お役所はなかなか融通がききません。最終的には絵はある程度ワンサイズに統一されていればＯＫ。さらに壁全体に直接描いてあるものは〝絵〟ではなく〝模様〟と見なすからＯＫ。そういった経緯で、私たちは最終的に散歩坂の壁面をマンガで飾ることにしたのですが、それは普通にＯＫ（個人的な考えでは、絵よりマンガの方が立ち止まって読んでしまいそうで避難経路としてマズイような気もしますが……）……正直いまだにどういう基準で判断されるのかよくわからないのですが、それでも壁面をなんとか利用して良いという許可は頂戴したので、次にその枠内で何をやるかを考えていきました。

ちなみに壁面を絵ではなくマンガにしよう、というアイデアを出したのは若いスタッフでした。彼は歩きながらストーリーが進んでいくことで、飽きずに楽しく坂を上っていけるのではないかと発言しました。

私は彼の意見に大賛成でした。しかもマンガは、現在の日本が誇るサブカルチャーのひとつです。屋上のひろしまの丘が醸し出すいにしえの日本情緒、最上階のおりづる広場に設置した最先端エレクトロニクス、そして散歩坂を彩るジャパニーズコミック――それぞれ異なる角度から日本を表現できるというコンセプトも魅力的に映りました。

散歩坂の壁面はマンガで飾ろう！――そこまではすぐに決まりましたが、作品を書き下ろしてもらうマンガ家の選定は困難を極めました。そもそも私たちにはマンガ家に関するコネも情報もありません。「散歩坂の壁面をマンガで飾りたい！」という情熱だけで、すべてはゼロからのスタートです。

マンガ家と交渉する作業には私自身も加わりました。スタッフがめいめい忙しく働いているなか、「誰か壁にマンガを描いてくれる人を探してこい」と一方的に押し付けるわけにもいきません。私は自分の東京出張に合わせ、マンガ家のスタジオを直接訪ねました。あの国民的アニメ創っている有名スタジオにも飛び込みでお願いに行きましたが、玄関にさえ入れてもらえませんでした。多くのマンガ家からはけんもほろろな扱いを受けました。

今思えば、確かにみなさんの気持ちもわかるのです。私はコネもなかったので、ノーアポイントでスタジオにうかがい、こちらの想いを直接伝えるという古典的な手法をとりました。忙しいときにいきなり訪ねてこられても迷惑ですし、おまけにまだ完成してないビルの話です。A4用紙何枚かに「こういう建物になる予定です」と書いてあるだけの雲をつかむような話に誰が興味を示してくれるでしょう。

さらに話を難しくしたのは建物のコンセプトにありました。何名か話を聞いてくださる方はいて、彼らに「私たちが作ろうとしているのは原爆ドームの隣に建つ、平和をアピールするタワーです。そこに先生が思う〝平和〟をテーマにしたマンガを飾りたいのです」と説明すると、みなさん腕組みをして考え込まれます。そして出てきた言葉は「私は広島出身の人間じゃないので、そういう方がやられた方が……」「私にはそんな場所に飾られる高尚なマンガは描けません……」といったもの。「原爆ドームの横のビルに〝平和〟をテーマにマンガを描き下ろす」というオファーはあまりにハードルが高く、誰もが臆して引き受けてくれない状況がしばらく続きました。しかし、捨てる神あれば拾う神あり。このオファーを快諾してくださったのが佐藤秀峰さんでした。

セリフを排除し〝何かを感じてもらう〟マンガに

佐藤さんは、共にテレビドラマ化された『海猿』『ブラックジャックによろしく』などを描かれた、日本を代表するマンガ家の一人です。

佐藤さんのスタジオにも、ほぼ飛び込みのような状態でお邪魔したのですが、佐藤さんは私の話に真摯に向き合ってくれました。話をしていると『海猿』で呉の海上保安大学校、『ブラックジャックによろしく』でも呉の病院を取材されるなど、広島とは縁があることがわかりました。さらに、佐藤さんが当時雑誌に連載していた『特攻の島』は、タイトル通り神風特別攻撃隊にまつわる物語。そしてなにより、佐藤さん自身が新しいことに果敢に挑むというタイプの方だったこともあって、快く引き受けてくださいました。

私は佐藤さんにどんなマンガを描いてもらいたいか、僭越《せんえつ》ながら2つのストーリー案を用意して、イメージサンプルとしてお渡ししました。ひとつは一人の男の想いと広島の想いがリンクして明るい未来を実現していく話。もうひとつは小学生の女の子の視点で話が進み、彼女にとってのひいおじいちゃん、おじいちゃん、お父さんの姿をたどることで広島の歴史を表現していくというものでした。

後者をわかりやすく伝えるため、私は松田家のケースを例にとって説明しました。「たとえば私の娘からの視点で言うと、曾祖父である松田宗弥は原爆で亡くなり、そのとき広島は廃虚になって、祖父の欣也《きんや》は疎開していて、そこに曾祖母が迎えに行って、今は父の哲也が事業を継いでいて……」――というふうに具体的な情報を添えて送ったところ、佐藤さんから「松田家の話そのままでいきましょう。家にある写真などをあるだけ送ってください」という返事が返ってきました。

私としてはあくまでストーリーをイメージしてもらうための参考にお話したつもりだったので複雑な気持ちでしたが、広島市民は多かれ少なかれ、みんな原爆に人生を左右されています。自分は被爆していなくても、親戚が亡くなったり、親が疎開したり、会社がつぶれたり。そういった一つ一つの家族、親族のストーリーを松田家の四世代を描くことで投影できるのなら悪いことではないのかも——そう納得して、私はすべてを佐藤さんに託すことにしました。

佐藤さんは私が送った写真や、ご自身で広島の街を歩いて撮影した写真を元に、写実的で詩情に満ちた作品を描き下ろしてくれました。そしてさまざまな国の方が来られることを想定して、マンガ特有の吹き出しやセリフは排除されました。

佐藤さんが描かれたのは、多様な角度から広島を切り取ったシーンの数々でした。子どもが生まれたばかりの家族の幸

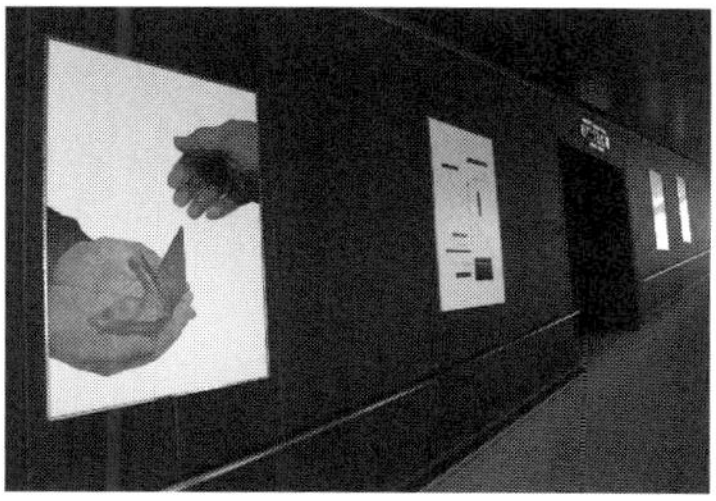

せな一幕、本通り、広島駅前、上空からの景色、活気あふれるマツダの工場、カープの優勝パレード、お好み焼を楽しむサラリーマン、原爆ドーム、原爆投下後の廃虚となった広島の街、ガレキの中に立つ４人家族、壁一面を覆うおりづるの群れ……1階から登っていくと原爆が落とされた瞬間から街が復興していく昭和の時代をへて、やがて現代にたどり着くという構成になっています。

佐藤さんは「セリフがないことで日本人も外国人もみんなが何か感じてくれればいい」ということをおっしゃっていました。それは私がおりづるタワーに込めた想いと同じでした。〝平和〟という言葉をあえて使わないことで、各自が自分の感性でメッセージを感じてくれれば、という。

私は三分一が設計した散歩坂にも佐藤さんが描いてくれた作品にも、とても満足しています。それは私の家族がマンガに描かれているからではなく、来場者が屋上にある展望台まで、一歩一歩歩きながら自分の親や祖先に想いをはせ、戦争や平和について噛みしめることができる静かな時間をここで持てるからです。

私自身、この坂は〝瞑想の坂〟だと思っています。

いつか時間がたてば、佐藤さんのマンガに代わって別の作品が坂を飾ることになるのでしょうが、それでもこの空間は、来場者に何か感じてもらうことのできる平和のためのキャンバスとして、広く一般に提案していくつもりです。

広島の「うまい」「スゴイ」「カッコいい」を集める

これまで屋上から散歩坂を通ってだんだん下の方に下りてきました。ここからは建物の1階にある2つのショップについて説明します。

建物1階には展望台に上るためのチケット券売機とインフォメーションカウンターがありますが、そこには「握手カフェ」というカフェと「人と樹」という物産館も併設しています。

原爆ドームを訪れた旅行者のためにコーヒーでも飲んでゆっくりくつろげるスペー

スを提供したい。広島発の〝うまい〟や〝スゴイ〟〝カッコいい〟を集めることで旅行者に喜んでもらい、さらに広島の産業も活性化したい。そして1階を人が自由に行き来できる空間にすることで平和公園と紙屋町をつなげ、広島の街の回遊性をもっと高めたい――このような想いから1階にカフェと土産物屋を造るというアイデアはタワーの構想当初からありました。

ただ、最初この2つはどちらも外部の会社に委託する予定でしたが、「どうせやるなら自分たちでやってしまおう」ということで途中から自前で立ち上げることにしました。

握手カフェでは広島のお好み焼をスティック状にした「オコス(手に持てるよう丸めたお好み焼の生地の中に焼きそばやキャベツが入っている)」、お好み焼の具材をごはんの上に乗せた「オコモコ丼」、もみじ饅頭と抹茶味のソフトクリームがセットになった「もみじ饅頭ソフト」など広島ならではの

オリジナルメニューの開発も行っています。また大崎上島産の生カキや安芸津産のじゃがいも、瀬戸内レモンなど基本的に使う食材は地元産にこだわっています。とにかくここは広島の美味しいものを味わってもらいたいというコンセプトに貫かれています。

そのなかでも個人的に特に気に入っているのは〝握手カフェ〟という名前です。ここまでおりづるタワーの説明を聞かれてきた方はお気づきでしょうが、タワーの名称はすべて日本語で統一されています。ひろしまの丘、おりづる広場、散歩坂、人と樹……握手カフェもそのひとつで、「思想の違う人も、ケンカ中の人も、ここに来たらひとまず握手しようや。休戦しようや」という想いから名付けました。

〝おりづる〟もそうですが、〝平和〟という直接的な言葉を使わず、いかにピースフルなイメージを喚起してもらうかがネーミングのポイントです。そういう意味で〝握手〟も〝散歩〟も〝人と樹〟も日本語で、しかも平和を想起させる言葉で、この建物のイメージにバッチリ合っているのではないでしょうか。

ちなみに握手カフェは屋上にも「握手カフェ -Wind side-」として出店(1階の店舗の正式名称は「握手カフェ -Parkside-」)しています。展望台で風を感じながらドリンクなどが楽しめるようになっています。

広島から世界に向けた元気の発信基地に

入口を挟んで握手カフェの反対にあるのは物産館「SOUVENIR SELECT人と樹」です。店名通り木製の棚を並べたこの土産物屋には、広島の伝統工芸品や地元ならではの技術で作られたアクセサリー、地酒、広島名物のレモンやカキといった海産物を加工して作ったお菓子や食料品……などショップスタッフが厳選した広島土産約千点が並べられています。

「人と樹」はオープンしてすぐに評判になり、現在はタワーの稼ぎ頭のひとつにまで成長しました。その事実は、これまでいかに原爆ドーム周辺に旅行者のショッピングニーズに応えられる店がなかったかということを証明しています。

今だからこそ明かしますが、タワーのオープンに向けて進行が一番遅れていたのがこの「人と樹」でした。ここは他の部署に比べ商品の選定、一つ一つのメーカーとの交渉や契約などやるべきことが膨大で、オープン時はとりあえずそれまでにできることをなんとか形にしたという状態でした。

それゆえ、「人と樹」は開館以降もずっと進化を続けています。新たな商品が見つかれば契約して販売にこぎつけるなど、魅力的な商品の拡充は今後もやっていかなければなりませんが、私たちはこの「人と樹」をもっと多くの人たちに楽しんでもらえる場所に育てていきたいと思っています。

その中心にあるのはおりづるブランドのオリジナル商品の開発です。私たちはまず、ショップ機能を備えることで広島県内の素晴らしい企業と交流を持ち、ネットワークを築いてきました。これからは互いの強みを生かして一緒に何かを創る段階に入っていきます。

すでに地元の会社と組んでさまざまな企画をスタートさせています。鮮やかな色合いの千代紙で作ったオーナメントを製作・販売したり、折り鶴をモチーフにしたクリスタルのピアスやイヤリングを共同開発したり。こうしたものは今やショップの注目商品になっています。「人と樹」は人通りが多い電車通りに面していることもあって、通りのウィンドウを使った新商品発表会などさまざまなことに挑戦できるポテンシャルを備えています。

ここに来れば広島の新しい商品が手に入り、街の新しい魅力を知ることができる。新しいコラボレーションが発生する出合いの場であり、新しいバリューが生み出される〝ものづくり〟の現場であり、新しいニュースが次々とリリースされる情報の発信基地でもある――広島の中心地に店舗を構える者として、「人と樹」は常に話題を提供できる魅力的なショップに育てたいと考えています。

また、おりづるタワーは他に2階に8つの会議室を備えています。案件によっては無料開放もしていますし、最大70人が入る部屋もあるので小規模のコンベンションを開催することも可能です。

その他、最上階ひろしまの丘のフロアに、密かに作った貴賓室があります。ここは豪華な空間で、世界から来られるＶＩＰのために用意した部屋です。会議やプレゼンテーションはもちろん食事やパーティーもでき、訪れた方に特別な時間をご提供しています。

こうした会議室は主にビジネス用途にご利用いただいていますが、３階から11階はオフィススペースになります。このテナントも私たちのコンセプトをご理解いただく方にのみご入居してほしいことから、決して安易な値引きをせず、じっくり共感者を待つ方法で耐えてきました。当初は入居率が少なくてご心配をおかけしましたが、開業３年目にして、ようやく満杯になりました。おかげでテナントはとても素晴らしい会社ばかりで、おりづるタワーのブランド価値を上げていただいています。

最後にもうひとつだけ、私がおりづるタワーに込めたこだわりについてお話させてください。

おりづるタワーには各フロアの見どころなどを説明するフロアガイド用パンフレットが置かれていますが、それは当然外国人観光客にも対応しています。ただ、多くの観光地では外国人観光客対応といっても英語、中国語、韓国語くらいしかないのが通常ではないでしょうか。

おりづるタワーは違います。用意したパンフレットは全17種類。ざっと挙げると、日本語、英語、中国語(簡体字)、中国語(繁体字)、韓国語、ロシア語、アラビア語、フランス語、スペイン語、ベトナム語、ペルシア語、ドイツ語、ポルトガル語、ヒンディー語、タイ語、イタリア語、マレーシア語……以上のものを常備しています。

それはパンフレット制作にあたって、私が強く訴えたものでした。普通に観光地として運営するだけなら、前述した通り英語版、中国語版、韓国語版程度があれば来場者のほとんどを網羅することができるでしょう。実際アラビア語版のパンフレットが初めて使われたのは、タワーがオープンして半年後のこと。半年の間、アラビア語圏からのお客様は1人もいらっしゃらなかったのです。

しかし私はそれではいけないと思っていました。そもそもすべてのはじまりは「廃虚から立ち直った広島の街を世界中の人に見てほしい」「屋上からの景色は人種や国籍、宗教、そしてイデオロギーを超えて平和の象徴になれるはず」という信念にあったはずです。であるならば、タワーは当然〝世界中〟に開かれていなければなりません。どんな国のどんな立場の人に対しても「ようこそ！」と手を差し伸べなければなりません。

もちろん世界に存在するすべての言語に対応することは不可能ですが、それでも私はなるべく多くの方々に「あなたが来られるのをお待ちしていましたよ」と微笑みかけたいと思いました。いくら政治的に対立構造が作られているにしても、アメリカから来た人も（英語）もイスラム圏から来た人も（アラビア語、ペルシア語）、私はどちらも排除したくありません。いくら世界が憎悪と分断に覆われていても、せめてここだけは誰もが平等に平和を感じられる場所であってほしいと願いたいです。

おりづる広場で使用するＷＥＢアプリを多言語対応（日本語、英語、中国語、韓国語、フランス語、スペイン語、アラビア語）にしたことも同じです。

おりづるに国境はありません。

おりづるは何人も排除しません。

もしもあなたに外国人の友人ができたら、どうかその方を誘っておりづるタワーに連れて来てください。

「いつでもあなたのための〝言葉〟は用意していますから」――それが私たちがタワーに込めたスピリットです。

第3章

負け続けてきた人生。今でも7勝8敗は続く

~何物にもとらわれない〝自由さ〟が「おりづるタワー」を作った~

広島マツダ ＆ 宇品本店……
Volvo ＆ Ford……
中国 ＆ ニュージーランド……
PTI ＆ the Stage……
おりづるタワー ＆ 握手カフェ……
PiQy ＆……

今までの私の仕事を振り返ると、
だいたい6つのカテゴリーに分かれる。
それぞれに感慨深い。

大州本店、新ブランド、アフリカ、M&A、
再開発、新人事、新アプリ……。
まだまだ放物線を描く。

ただ、今から手がけることは、
誰にも想像すらできないだろう。
すぐそばにいる人さえも。

もちろん切れた糸もある。
それでも糸を紡いでいくと、
ここまでたどり着くものなのか。

中学高校大学と、小さな窓から見た東の空。
あの願いに近づくような。
あの風景はデジャブだった。

思い描いた空と、現れてきた景色。
違うけど、確かに一緒だ。
思考は実現する。踏み出す勇気さえあれば。

負け続けてきた人生。

受験も彼女も就職も規模も利益も。
今でも7勝8敗は続くが、楽しい負け越し。

理想は遥か彼方。何か始めれば、
何かの光と闇が生まれる。
太陽に照らされる月、バラにはとげ。

太陽でもなくバラでもない。月でもなくとげでもない。
自分は常にその辺の小さな流星で、その辺の草花。

一つ一つは生きていて、
小さくとも輝き補完し合う流動体。
形さえ変わる。太陽に見える蜃気楼。

大阪。東京。世界。
出会いが広島からここまで連れて来てくれた。
目の前の人々を幸せにしなければ。

結局愛で結局夢で
結局信頼で結局全力で結局努力で
結局誠実で結局笑顔が。

この世は醜く、とても美しい。

歴史の全てを結集し凌駕し、
でもゼロから始めたいような。
ただ確実に枠だけは大きく超えた。

平和な世界を目指しながら、
表の世界に向かいながら、
今回その対局に進む。
この振り幅が刺激的。

会長CEOは引退どころか
新入社員のような毎日。
世界は近づき、過去はまばゆく、
現実は悲壮で、未来は複雑。

自らの口で発しても
うまく説明できぬほどややこしい。
凡人だが常軌を逸した感性と行動。

さぁ、ついておいで。
こっちおいで。そばでよく見とけ。
来る者は拒まない。
去った者さえ。

2017年6月24日のFacebookより転載

10代のころ、とにかく広島という街が嫌いだった

これまでの章でどのような過程をへておりづるタワーが作られ、タワーの各部にどのような想いが込められているか、詳細につづってきました。

ここから話が変わります。

これからお話するのは、私、松田哲也がたどった半生の物語です。私がどのような家庭に生まれ、どのような青春時代をすごしたか。社長としてどのように会社を率い、今何を考えているのか――そのようなことを書いていこうと思います。

「おりづるタワーの本を読んでいるのに、どうしてそんな話を聞かなきゃいけないいんだ？」

そんなふうに疑問に思われる方もいるかもしれません。おまえの子ども時代の思い出なんか聞きたくない。どんなふうに社長としてすごしたか、それがおりづるタワーとどんな関係あるんだ、と怒り出す方もおられるでしょう。

でも私はこれからつづる物語がおりづるタワーとまったく関係のない話になるとは思いません。私がどういう人生を送ってきたのか、自身の半生を語ることで私がおりづるタワーを作るに至った〝もうひとつの真実〟が浮かび上がると確信していますし、もしかしたらそちらの方が真にこの本で訴えたいメッセージかもしれません。

おりづるタワーに当てる光の向きを変えてみるのです。

第1章、第2章は株式会社広島マツダ会長兼CEOという〝公人〟の立場からつづったおりづるタワーができるまでの物語でした。ここからは現在50歳、広島で生まれ、放蕩《ほうとう》の末に故郷に舞い戻った〝私人〟松田哲也の視点からその行為を読み直していきます。

おりづるタワーにまつわるアナザーストーリー。あなたのタワーを見上げる視線は、ここでぐるりと反転します。

私は10代のころ、広島という街が嫌いでした。

「とにかくここから出て行きたい。早く東京に行きたい」

ずっとそんなふうに思っていたし、毎日のように東の空を眺めてすごしていました。

昨今は東京や大阪といった都会を目指すことなく友達と地元に残ることを選択する若者が増えていると聞きます。しかし私の時代はそうではありませんでした。こんな田舎じゃ自分の夢が実現できない。自分はこんなちっぽけな街に収まらない。もっとＢＩＧな人間になるんだ——時はまさに尾崎豊全盛期。気持ちと反抗心だけはやたら大きく、そのくせ具体的に何がやりたいのかはサッパリわからない——つまり何も真剣に考えていない——ばかな若者はたくさんいて、私自身もそんな若者の一人でした。

私は１９６９年、広島市で生まれました。父、母、祖母、１歳上の姉の５人家族——ここまでだとどこにでもある普通の家庭のように見えるかもしれません。しかしわが家は、あまり普通とは呼べない家庭でもありました。

それは私の姓である〝松田〟という部分に関係してきます。広島と松田というものを並べてみると、ピンと来る方もいらっしゃるかもしれません。

そうです、私は広島に本社を置く自動車製造会社・マツダ株式会社の創業者一族の末裔なのです。

1920年に創業した東洋コルク株式会社は、翌年、松田重次郎が社長に就任。社名を東洋工業株式会社に変え、オート三輪の生産に乗り出しました。会社は1945年8月6日、原子爆弾の投下で壊滅的な打撃を受けたものの運営を続け、その後もロータリーエンジンの開発など自動車製造に邁進。広島の街の復興と軌を一にするように復活を遂げていきました。1984年には商号をマツダ株式会社に変更。現在までファミリア、コスモスポーツ、RX-7、ロードスター、デミオ、アテンザ、RX-8、アクセラ、CX-5、CX-3、CX-8……など数々の人気車を世に送り出してきました。

そのマツダ株式会社の事実上の創業者と言える松田重次郎は、私の曽祖父（ひいおじいさん）に当たります。重次郎の跡を継いで社長となった松田恒次《つねじ》は私の祖父の兄。私の祖父の宗弥は恒次の弟（次男）で、兄の会社が作る車を広島県内で販売するディーラーとしてマツダモーターース株式会社（現・株式会社広島マツダ）を創業し、私の父の松田欣也がその跡を継ぎました。

ちなみにプロ野球球団・広島東洋カープの初代オーナーは松田恒次で、２代目オーナーはその長男の松田耕平。現在の３代目オーナーは耕平の長男の松田元《はじめ》。元の弟の松田弘はこちらも広島県内のマツダ系ディーラーであるアンフィニ広島と広島エフエム放送の社長を務めていました。

私が生まれたのは、そんな華麗なる松田家だったのです。

広島で大きな影響力を誇る松田家。その内側は……

あのマツダやカープを経営している松田一家の子ども――広島で松田家というものが持つ影響力の大きさについて、さすがに今は理解していますが幼いころの私は一切気にしていませんでした。

父がマツダの車を売る仕事をしていて、会社の社長だということは知っています。だけどそれが何を意味するのかはよくわかりません。

実際父は家で仕事の話は全くしませんでした。私を会社に連れて行くこともほとんどありません。家での生活は質素で、出てくるおやつは毎日おかきでした。

「友達の家ではコーラやコンソメパンチ味のポテトチップスが出てくるのに、なんでうちだけおかきなん？」

私は何度も母に食って掛かりましたし、コーラもポテトチップスも出してくれないわが家のことをむしろ貧乏だと思っていました。

もちろん外からはそうは見えません。多くの人は私のことを〝松田家のお坊ちゃん〟と見ていたことでしょう。広島マツダの次期社長として、ものものしい帝王学でも植え付けられていると思っていたことでしょう。

しかし内実はまったく違いました。私は松田家の重みも価値も一切感じないどころか、成人するまで家族のなかで自分一人浮いているような疎外感をずっと持ち続けてきました。

私は子ども時代、外や学校ではいわゆる子どもらしい元気な子どもでしたが、家のなかでは孤独であり、冷めていて、そして鼻持ちならないほど生意気な性格でした。

今でも覚えています。私は小学校3年生のとき、「俺は親父とおふくろを超えたな」と平気で思っていました。父は仕事でほとんど家に帰って来ません。一緒に遊んでもらった記憶など数えるほどしかありません。放任主義。母親は「勉強しろ」と言ってはいましたが、強くは言わなかったように記憶しています。門限なんて概念もどこにもありません。

そのくせ2人ともたまに顔を合わせると感情的な言葉を私にぶつけてきました。相手を思いやる配慮のない、率直で、乱暴で、心をざっくり傷つける言葉です。

「この人たちはどうして他人の気持ちがわからないのだろう?」「どうしてこんなに自分勝手で、優しさというものがないのだろう?」——子どもの私は自分が悪いことを棚に上げ、やがて両親のことをそんな風に見下すようになっていきました。

まあ私自身もかなり悪知恵が働き、塾の教材と同じものをこっそり購入し、その答えをそのまま写して塾に提出したりしていました。ですから塾の成績は良くても、テストは芳しくありません。母親からは「哲也は本番に弱い」と思われていましたが、普段から忍ばせた解答を丸写しするだけなので当たり前です。最初から問題を理解していないのですから。

そんな相手をなめてかかるような私でしたから、家族との溝は年を重ねるごとに深まり、心の距離は広がっていきます。

家族との決裂が決定的になったのは中学受験の失敗でした。私は小学校6年生のとき、父が通った修道中学校を受験。しかし不合格となり、広島城北中学校に進むことになります。

それを父に報告したときのこと。私は心のどこかで父が慰めてくれることを期待していました。これまでの努力をねぎらい（実際には努力はしていませんでしたが）、肩に手でも置いて「次に頑張ればいいさ」というようなことを言ってくれると思っていました。しかし「修道、ダメだったわ」という私からの報告に父が吐き捨てるように返した言葉は――

「城北で一番になるより、修道でドベ（最下位）になる方がよっぽどええわ」

あくまでも自分の通った学校が第一……私はあぜんとした後、幼い頃からずっと感じてきた想いをもう一度心の中で繰り返しました。

「この人は社長という偉い立場にいるはずなのに、どうして思いやりというものがないのだろう？　デリカシーに欠けているのだろう？」

中学受験の失敗は私の心に深い傷を残しました。同時に、同年代の親戚たちが修道中学校や、修道より偏差値の高い広島学院中学校に入学していくのを見て、「自分は才能のない男だ」「自分がどれほど努力しても勝てない人間がいるんだ」という劣等感を募らせていきます。

そんな鬱屈《うっくつ》した想いは中学1年生のとき、とうとう爆発します。

父と殴り合いの大ゲンカをしたのです。きっかけはささいなことでした。私が歌番組やドラマを録画するために愛用していたビデオデッキを父が勝手に会社に持って行ってしまったのです。しかしそれは本当にただのきっかけにすぎませんでした。私のなかで極限まで蓄積されていたコンプレックスと父への怒り、自分に対する悔しさ、もどかしさ、不甲斐なさ、行き場のないエネルギーが暴発して火を吹いたのです。

私は父に殴り掛かりました。父も私を殴り、顔面をボコボコにされました。成長期前の私はまだ身体も小さく、体格も劣り、いとも簡単に返り討ちに遭いました。この取っ組み合いは引き離されましたが、一度噴き出した激情は収まらず、私は部屋の窓ガラスを足で蹴破り流血。救急車がサイレンを鳴らして駆けつけ、病院へと運ばれます。部屋は血まみれ。ガラスの破片が飛び散り、家具もテーブルも何もかもめちゃくちゃ……。

そのときの松田家は阿鼻《あび》叫喚の地獄絵図と化していました。

大学受験も失敗。浪人中も連日連夜のバカ騒ぎ

そのケンカ以降、18歳まで私は一日も親と一緒に食事をしたことがありません。中学、高校と食事はすべて盆に乗せ、自分の部屋に運んで食べました。家族が外食に行くときは食卓の上に500円玉がひとつ置いてありました。

家族のなかで私はあきらかに鼻つまみ者になっていました。リビングに入るだけで和やかな空気がサッと凍り付きます。それを自分でも感じているのでますます家族と距離を置き、心を荒ませていくという悪循環。ほったらかされているのをいいことに、私は外で勝手気ままに遊び、ますます家に寄り付かなくなります。中高時代の私は家族に背を向け、学校や放課後の時間をエンジョイすることに夢中になっていました。

崩壊寸前の松田家はその後、どのように展開したのでしょう。

ゲームセンターでの女の子とのチャラチャラした付き合い、友達と組んだまねごとのロックバンド……あまりに浮ついた中高時代を送っていた私は、当然のように大学

受験も失敗。浪人生活を送ることが決定します。となると予備校の入学金を親に頼らなければなりません。

その日、私は中1のケンカ以来6年ぶりに父と会話をするため外の駐車場で待っていました。すべての受験が惨敗に終わった2月の寒い夜のこと。さすがに母や姉の前で頭を下げるのは恥ずかしいので、父が家に入る前に捕まえようという魂胆です。

3時間待って指先の神経が失われたころ、父が帰宅しました。暗闇から声を掛けると幽霊でも見るような表情を浮かべ、身構えました。私は正直に話しました。

「ごめん、受験全部失敗した。悪いけど浪人させてくれ」

男同士、頭を下げたら許してくれるはず――私の甘い予想に反し、父の回答は昔と変わりませんでした。父は6年前、中学受験に失敗したときと同様、何の躊躇《ちゅうちょ》もなく「家を出ていけ」と言い放ちました。

「わしの義務はこれで終わりじゃ。おまえはずっと毎晩遅くまで遊び惚《ほう》けて、家でメシも食わず、家に居たら居たで部屋に引きこもっとった。親の言うことを何ひとつ聞かんかった。そんな男が急に頭を下げて謝ったところで、わしの胸には何も響かん。これで親子の縁も終わりじゃ。受験の失敗は自業自得。こっからは自分で金を稼いで自分の力で生きていけ。おまえもわしらにとやかく言われるより、自由にやれる方が嬉しいじゃろ？」

私は父の言葉を正面から受け止め、「ああ、わかったよ。じゃあ出て行ってやる。ここからは自分の好きなように生きていくさ！」と啖呵《たんか》を切ってそのまま家を飛び出したのでした……とならないのがこそくな私の生き方です。

「父は本気だ！」と焦った私はとっさに方向転換。ターゲットを父から担任教師に変更し、担任に頼んで父を説得してもらうという懐柔作戦に出ることにしました。それは無事成功し、父からは教師を通して「家族全員で食事をとること」という条件をクリアすれば浪人を認めてやるという解決策を引き出しました。

そして松田家は6年間の冷戦状態を終え、再び家族だんらんを手に入れたのでした……ということにはまたしてもならず、いったんは食卓を囲んでみたものの、6年ぶりに末っ子が戻ったときの違和感は半端なく、私だけでなく全員が居心地最悪。気まずすぎて私はすぐにその空気に耐えられなくなり一週間で家から逃走。再び父に土下座して「やっぱり一緒に暮らすのは無理じゃ。頼むから独り暮らしさせてくれ！」と懇願。さすがに父も懲りたのかそれを認めてくれ、私は市街地のほど近くに広さ4畳半、家賃3万5千円のアパートを借りて浪人生活を送ることになりました。

もちろんそのアパートはすぐに仲間のたまり場となり、連日連夜のバカ騒ぎ。当然勉強に身が入るはずはありません。

それでもなんとか大学に合格することができたのは、「とにかくこの街を早く出ていきたい」「一刻も早く都会に出て、自由になりたい」という想いのみが天に届いたからかもしれません。

つまり私は早く故郷を捨て、家族を捨て、血脈を捨て、過去を捨て、やり切れない時間をすごした10代のさえない自分を捨て去りたかったのです。

その願いは叶いました。

私は19歳で広島を離れることになります。

大学時代のロックビル構想がおりづるタワーの原点かも

誤解のないように言いますが、当時はツッパリ全盛時代でしたが、私は家庭内ではグレていたものの、家の外では小学生から変わらず明朗活発な学生でありました。家では暗かったぶん、外で友達と会うのが楽しみで、日中は学校、夕方はゲームセンター、夜は居酒屋やディスコで仲間たちと和気あいあいとすごしていました。決してケンカに明け暮れるようなワルではなく、一言で表すなら〝チャラチャラヤンキー〟とでも言いましょうか。

私の行動指針は何よりも自由であることを愛し、誰にも縛られないフラットな人間関係を望むというものですが、今に通じるひとつの場所に安住せず、フラフラする体質は、間違いなく学生時代に培われたものです。

そんな私の放浪は、大学生になっても続きます。

広島から大阪に引っ越した私は、大学生としてさらに好き放題の生活を送ります。時はバブルまっただ中。私は解き放たれた仔犬のように大阪の街を奔走します。

まず手を出したのは音楽でした。高校時代からエアロスミスなどのハードロックが好きでバンド活動を行っていましたが、大阪でもそれを継続。近松門左衛門の浄瑠璃の題名からその名をとった「女殺油地獄（オンナゴロシアブラノジゴク）」というバンドでヴォーカル＆ギターを務め、腕試しのため阪急東通り商店街で流しにも挑戦しました。そのときの稼ぎは合計６００円。額面からわかるように私の才能のなさはあきらかでした。

さらに劇団に入って舞台にも立ちました。脚本を書いてみたものの面白くなさすぎてあっさりと却下。芝居の才能がないこともすぐに悟ります。

そのころの自分を思い出すと頭のなかがカラッポすぎて顔から火が出ます。私はバブル時代の典型的なチャラい大学生でした。すべてにおいて薄っぺらなくせに根拠のない自信だけはやたらとある。「自分はすごいんだ。他のヤツらとは違うんだ」という思い込みは激しいが、それを証明できる手立ては何もない。残酷な現実を認めるのが怖くて、手当たり次第にチャレンジしては無残な結果を見るということの繰り返し――。

私は夢と野望を抱えて大阪に来たものの、モノになるものは何ひとつなく、やればやるほど自分よりすごいヤツ、才能のあるヤツは世の中にゴマンといるという事実に打ちのめされるばかりでした。最後に突き付けられたのは「俺は本当に何の取り柄もない男だな……」というため息で、そのころは学校の授業にもついていけず留年確定、大学5年生のころには再び劣等意識にまみれた日々を送っていました。

いや、もうこのころは自分の実力はわかってたので、開き直って自由を謳歌《おうか》し、仲間や彼女と楽しいことを第一に暮らすように変化していました。

当時の光景で覚えているものがあります。これもあまりに幼稚すぎて恥ずかしいのですが、私たちはさえない仲間同士集まってよく一緒に酒を呑んでいました。友達のワンルームマンションに集まり、うっすら見えてきた自分たちの限界をかき消すように大きな声で騒いでいました。

そのとき話題になったのが「将来はロックビルを作ろうぜ！」という話でした。自分たちには音楽の才能がない。留年もしているので、このまま進んでもエリートコースは進めない。だったらみんなでロックビルを作って、才能のあるヤツを育てる側に回ろう。1階は楽器屋、2階はスタジオ、地下にライブハウスを作って、5階以上をみんなの住居にしよう――。

私たちは幾晩もそんなことばかり話していました。空の缶ビールを灰皿にして、天井にもうもうと煙草の煙が立ち込めるなか、「じゃあ、おまえはスタジオをやれ」「俺はハードロックカフェみたいなレストランを出す」といった夢物語を真剣に語り合っていました。

それは誰もが一度は通る無為な青春時代のワンシーンかもしれません（いや、ここまでひどいケースはさすがに少ないでしょう）。しかし最近思うのは、もしかしてこのとき話していたロックビル構想がおりづるタワーの原点だったかもしれないということです。ビルを埋めるコンテンツが〝ロック〟から〝平和〟に変わっただけ。自ら平和を訴えるのではなく、あくまで平和を考える場所を提供して、ビル全体で何かを感じてもらえればというスタンス……。

そう考えるとあれから四半世紀、私の頭のなかは何も変わってないのかもしれません。おりづるタワーとは高尚な理想を持った建造物などではなく、大人になれないモラトリアムが描いた夢のカケラのなれの果てなのかもしれません。

阪神・淡路大震災で予定より早く広島に帰還

さて、そんな箸にも棒にもかからない大学生活を送っていた私にもいよいよ卒業の時期が迫ってきます。5年間の大学生活を終えて、社会という大海原に漕ぎ出すときが来たのです。

そのときの私には広島に帰って、広島マツダを継ぐという考えはまったくありませんでした。私は大学3年生から読売テレビの報道部でアルバイトしており、一時はフロアディレクターまで務めていました。チャラチャラした人間らしく、華やかなマスコミの世界にあこがれ、卒業後もそのままマスコミの仕事がやりたいと考えていました。

そこで頭に浮かんだのが松田家の力です。普段はとことん毛嫌いしているくせに、いざというときには簡単にプライドを投げ捨て、現実的な手段を行使できるのが私という人間です……。

私はそれまでロクに話したこともなかったのに、当時マツダの社長でありカープのオーナーでもあった松田耕平さんに電話を入れました。

「欣也の息子の哲也と申しますが、ご相談がありまして……」

「おう、じゃあ来いや」

そして私は小学生のとき以来、初めて松田家本家の敷居をまたぎ、耕平さんに頭を下げました。自分は大学卒業後はマスコミの仕事がしたい。なので在京のキー局、もしくは在阪のテレビ局、そうでなければ電通か博報堂といった広告代理店への就職を後押ししてもらえませんか──。

そのとき耕平さんは「わかった、入れてやるわ」と言った後、私にこんなふうに語りかけました。

「おまえがマスコミに行きたいと言うのなら、頼んでやることはできる。でもおまえは本当にそれでええんか？　男子たるもの、誰もがいずれは社長になって世の中を動かしたいと思っとる。おまえは松田家に生まれて、親父も社長で、そういう土壌が与えられとるのにどうしてそれを使ってみようと思わんのか？　きっと他の世界に進めば優秀な人にもまれ、おまえは部長あたりで終わるだろう。美味しいレストランとか流行の店は知ってても、人としてそれだけでええんか？　人を動かし、会社を動かし、社会に貢献していこうとは思わないのか？　何年か経った後で戻りたいと言っても、そのときはもう遅いぞ」

それはまさに青天の霹靂でした。耕平さんの言葉は私を立ち止まらせました。確かに、このままマスコミの世界に進んだところで人生のピークは部長どころかせいぜい課長レベルでしょう。5年間の大阪暮らしで自分の才能の乏しさだけは痛いくらい認識していました。だったら耕平さんの言う通り、おとなしく広島マツダに入った方がいいのではないか？　せっかくレールが敷かれているのなら、素直にそこに乗るのが賢明な判断ではないか？　何よりも、自分の頑張り次第では世の中を変えることができるかもしれないのだ……。

私は、鋭い刃で正面からバッサリ切り付けられたような、その一方で生まれ変わったような、強い衝撃を与えました。

父は私に「会社を継いでほしい」と言ったことは一度もありませんが、大阪〜広島と適度な距離をとったことで松田家に対するアレルギーは若干薄れていました。

せっかくだから一度話してみようか……。

そして私は父と話し、広島マツダを継ぐことを決意します。父は私が会社を継ぐことをあっさり受け入れました。それはこれまでの親子関係とは違いました。やはり息子に事業を継いでほしかったという、普通の親心がはっきりと見えた瞬間でした。

父・欣也は26歳で広島マツダの社長になり、当時は56歳。口癖は「ワシは60歳で社長を辞める」でした。となると私は4年後に会社を継ぐのか――そのとき将来の道がなんとなく見えた気がしました。

大学の卒業後はまず父の指示通り神戸マツダに入社。そこで仕事のやり方を覚え、数年後には渡米してMBA取得と英語もマスターし、一人前になって広島マツダに入り、満を持して社長交代――そんなシナリオを握りしめ、私は社会人生活に踏み出したのでした。

ただし、そこでもまた予想もつかないことが起こります。

1995年1月17日、阪神・淡路大震災発生。前年度に入社したばかりなのに、この震災で神戸マツダ本社ビルは半壊してしまいます。神戸、長田、灘、三宮の各営業店も全壊。私が住んでいたマンションもぐちゃぐちゃになります。

神戸市内は地震発生日から1ヵ月が過ぎても余震が続き、ライフラインもなかなか復旧しません。それまで誰も経験したことのない空前の大惨事です。

神戸での社会人生活はとても充実していました。仲の良い同期、尊敬できる上司に囲まれて、一気に成長した時期だと思います。お客様とちゃんと向き合えば車は売れる。誠実に頑張れば周囲は助けてくれる、努力で人間は開花できることを教えてくれた2年間でした。もっとここに居たかった……。でも、震災はそれを許してくれません。

神戸マツダとしても「こんな状況ではご子息を十分な環境で育てられない」ということで、予定よりずいぶん早いタイミングで広島マツダへの転籍が決定しました。いきなり役員としての勤務です。

そのとき私は26歳。心の整理がつかないまま、未曽有の大災害に背中を押される格好で、かつて自分が忌み嫌った故郷に戻ることになったのでした。

愚痴ばかりの日々で迎えたターニングポイント

7年ぶりの広島生活ではさすがに私も父も歳をとり、仲がいいとは言わないまでも落ち着いた親子関係を保てるようになりました……といかないのが松田家のしぶとさであり、業の深さです。

多少は時期が早まったとはいえ計画通りの広島マツダ入社、これから数年のうちに事業継承して社長就任——という私の目論見はあまりに甘っちょろかったということが帰広後すぐに判明します。

私はいきなり役員として広島マツダに出勤するようになりますが、そこでわかったのは自分が会社経営について何も知らないということでした。無理もありません。私が通っていたのは法学部であり、卒業寸前までマスコミに進むと思っていたので経営についての知識など何ひとつありません。まあ、授業自体ほとんど出席していませんでしたから……。神戸マツダに就職後も広島マツダに戻るのは当分先だと考えていたので、特に勉強もしていません。

私は、取締役調査部長という役員でしたが、何の能力もない名前だけの肩書です。上司も部下もいない一人ぼっちの部署。開放的な神戸マツダと違って、歴史と伝統ある広島マツダの社員はワンマン社長の愚息には心を開くはずもありません。

私は会議についていけるはずもなく、慌てて決算書の読み方から簿記の付け方、利益の上げ方、ＲＯＡ（総資産利益率）とＲＯＥ（自己資本利益率）の違いなど経営上の指標について勉強をはじめましたが、そんなもの一朝一夕で身につくはずがありません。本来なら5年くらい神戸ですごし、いろんな部署を回って英才教育を受け、そのあとアメリカにでも渡ってＭＢＡ取得――といった優雅なシナリオを書いていましたが、震災によってすべては瓦解してしまいました。

私は無力で、無能でした。資料の数字が何を意味するかもわからないし、周囲が何を言ってるかも全然わかりません。

私は会社に居づらくなり、次第に仕事をサボるようになりました。昼間から繁華街に入り浸り、ただれた日々を送るようになります。当時会社に出勤したのは月に1日くらい。そんな時期が2年近く続きます。

跡を継ぐと宣言をしたことで一度は回復したかに見えた父との関係も、再度悪化の道をたどります。神戸マツダ時代は顔を合わせる機会が少ないのでお互いを気遣う余裕もありましたが、同じ街で暮らし、同じ会社で働くようになるとそうはいきません。以前の関係性がよみがえり、私たちは再び対立を深めていきます。

そもそも父は口癖のように「60歳で社長を辞める」と言っていたのに、その年齢になっても引退する気配は一向にありません。結局65歳まで社長を続けるのですが、「なんで辞めないいんだ。男なら一度口にしたことは守るのが筋だろ！」ということで私たちは何度もケンカをしました。

やっぱりここは最悪だ。帰ってきたのは間違いだった。俺は広島という街とも松田家とも永遠に打ち解けることはできないんだ……愚痴ばかりが口を突いて出るドン底の日々を救ってくれたのは、ひとつの出会いでした。

広島には広島青年会議所（JC＝ジュニア・チェンバー）という組織があります。ここはだいたい25歳から40歳までの若手企業人によって構成されていて、簡単に言えば街の将来を担う人材が集まり、街づくり人づくりを行うグループです。設立は1950年と古く、歴代理事長の欄にはエディオン社長でありサンフレッチェ広島会長の久保允誉さん、チチヤス乳業の社長を務められた野村尊敬さんなど広島の名だたる名士の方々が名を連ねています。

JCにはかつて父の松田欣也も在籍し、1976年度、第26代理事長を務めました。私が就職の相談に行った松田耕平さん（1959年度、第9代理事長）も、耕平さんの息子の松田弘さん（1991年度、第41代理事長）も同じ道を通っています。それもあって私も30歳のとき、JCに入会することになりました。

もともと私はJCに入ることに強く抵抗していました。というのも、JCは付き合いが多いことで有名で、週4～5回は呑み屋に集合。呑み方も体育会系ノリというか、「あれ？　ごちそうさまが聞こえないなぁ？」と難癖をつけてはおかわりを押し付けるような激烈極まりない集団だったのです。もちろん朝方まで帰宅することはできません。

そもそも私はお酒があまり強くありませんし、そんなノリが大嫌いでした。大の大人たちが群れをなして大騒ぎ。呑みたくもない酒を呑んだり呑まされたりして一体何が楽しいのか——そんなふうに思っていたし、広島の繁華街である流川や薬研堀で気勢をあげるＪＣのグループを見るたびに軽蔑した視線を投げかけていました。

ですが広島マツダの跡を継ぎ、広島で商売をしていくためにはＪＣ入会は避けて通れません。私は広島に帰ってからずっと逃げ回っていましたが、とうとう観念してＪＣの門をくぐることにしました。

それが自分にとってのターニングポイントになることも知らずに。

劣等感を抱えているのは自分だけではない

ＪＣは想像通り地獄でした。

毎晩毎晩とにかく呑む。呑んで吐く、吐いてまた呑むの繰り返し。これまで激しい呑み会を避けてきた私に酒漬けの生活はなにより苦しく、最初にＪＣでマスターしたのは一発で仕留められる〝上手な吐き方〟になりました。

しかし涙ながらに吐いて呑んでを繰り返すうちに、次第に目の前の風景がこれまでと違うように見えてきたのです。

私の心を動かしたのは、ＪＣに所属するメンバーたちの情熱であり、その裏側にある心の傷でした。彼らは酒を呑むたびに「どうすれば広島がもっといい街になるのか？」「この街がもっと元気で、もっと魅力的になるために何ができるか？」ということを真剣に議論していました。それは私にとって新鮮な光景に映りました。

「会社はお金を儲けるためにあるもの」「税金を払っていれば何をやったって構わな

い」――それまで私は会社に対してそんなイメージを抱いていましたし、いかにうまく利益を生み、その額面を大きくしていくか、それができる人こそいい社長なのだと信じてきました。

でもＪＣでは誰もそんなことを話しません。みんな社会貢献について激論を交わし、「自分の会社をどうするか」ではなく「この街の将来をどうするか」という視点で物事を捉えようとします。

社会に出て６年。それなりに人と会い、いくつもの会社を眺めてきた私にとって彼らの姿勢はカルチャーショックでした。広島マツダに入社以降、地元のトップの人と話す機会も増えましたが、実際会ってみると〝社長＝人格的に優れた人〟というわけでは決してなく、なかにはお金のことしか興味のない人、社内政治をうまく渡ってきただけの人もいることに気付きます。私は現実の社長たちの器の小ささに幻滅する一方で、「じゃあ自分はどんな社長を目指せばいいのだろう？」と疑問を募らせていました。

そんなときに出会ったのがＪＣの仲間たちでした。彼らの想いが本気であると気付いたときから、私にとってＪＣの見方は〝うざったい空騒ぎ〟から〝私利私欲より公共の幸福を優先する志高い行動派集団〟に変わります。

もしかしてそれは私が初めて一生懸命物事に取り組むことの気持ちよさに目覚めた瞬間かもしれません。それまでの30年間、私は軟派な人生を歩んできました。中学受験に失敗し、家族のなかで孤立し、ひたすら外の世界に自分の居場所を求めていました。学生時代はゲームセンターにナンパ、表面だけのバンドや演劇活動……私は世の中に絶望したフリをして、目の前の享楽に逃げ込んでいました。

しかし、ＪＣではそれが許されませんでした。強引に酒を呑まされ、意見を求められ、肩を組まれます。真意をただされ、本音を引き出され、裸の自分を要求されます。

そんなぶつかり合いの中で私が気付いたもうひとつのことは、ＪＣのメンバーもみんな劣等感やコンプレックスを抱えているということでした。私は毎晩のように一緒に酒を酌み交わすなかで、彼ら一人一人の心の傷に触れていきます。大きな期待を受けながら理想の学校に進めなかったヤツ、本当にやりたいことをあきらめて家業を継ぐために戻ってきたヤツ、常に親と比較されることにプレッシャーを感じているヤツ……。

世の中は優秀で華やかな人間が目立つようにできていて、持たざる者は背中を丸め、首をすくめ、日陰を歩くしかありません。しかし考えてみればスーパーマンのような勝ち組の人間なんて一握りしかいないのです。みんななんらかの挫折や後悔を抱え、それでも少しでもいい人生を送ろうと、少しでもマシな人間に成長しようと、なけなしの能力をフル回転させ、必死に、懸命に生きているのです。

東大に入った人だけが、甲子園で優勝した選手だけが、一番になった人だけが幸せになれる――そんな人、実はほとんどいません。優勝者が一人なら、残りはすべて負けて終わります。では、負けた人は勝った人より不幸なのでしょうか？　そうではないはずです。負けたって勝った人に劣らず充実した日々を送ってきたと私は思います。

つまり勝利を目指すのは目的であっても、勝つことがすべてではないのです。それよりも勝利に向かう過程こそ、努力こそ、ゲームに参加することこそがもっとも尊いのです。

それが頭ではなく心でわかった瞬間、私の価値観は一八〇度転換しました。彼らは〝能天気な呑み助たち〟などではなかったのです。連日連夜の呑み会は胸に想いを秘めた者たちがそれでも未来に立ち向かうための共闘の場であり、互いを励まし、互いを鍛え合う切磋琢磨のステージだったのです。

才能が足りないのは仕方ない。叶わない夢もたくさんあった。だけどできることはまだいくらでもあるし、そこには過去なんて関係ない。大事なのは今、そして未来だ。だったら楽しくすごそうじゃないか。心の底からばかやって、仲間たちと親睦を深め合い、秘めた情熱をここで解き放とうじゃないか――。

4月に入所したときは「いつケンカして辞めてしまおうか」と思っていたのに、ワイシャツが半袖になるころには、私は先頭に立って呑み会を引っ張っていました。大声で笑い、杯を重ね、毎回最後まで宴の席に残る人間になっていました。

もしかして私はやっと取り戻したのかもしれません。家族から逃げ続けた10代、くすぶり続けた20代を超えて、私はここで〝青春〟を取り戻したのです。

そしてJCは私をさらに新しい場所へ連れて行ってくれます。

最初の街おこしは「夜のフラワーフェスティバル」

JC入所から5年、私は2005年に街のにぎわいを演出する委員会の副委員長に就き、広島JCの中期計画を練る役割を任されました。5年後、10年後のJCがどうあるべきか考えることは、そのまま広島という街の5年後、10年後を考えることと同じでした。私はそこで広島という街の歴史について改めて学ぶことになります。

そして翌2006年、そこで立てた計画を実行に移す機会が訪れました。毎年ゴールデンウィークに開催される広島最大の祭典・ひろしまフラワーフェスティバル（以下ＦＦ）のＪＣサイドの責任者を任されることになったのです。

８月６日が反戦反核を訴える広島の〝陰の祭典〟だとしたら、ＦＦは、市民が和やかに平和の喜びを体現できる〝陽の祭典〟の代表です。私は理事長から「ＦＦは昼間は人でにぎわっているけど夜の盛り上がりに欠ける。日没以降にも面白いイベントがあれば広島に滞在する人も増え、街はいっそう活気づく。君には〝夜のＦＦ〟のプロデュースをお願いしたい」という依頼を受けます。

それは私にとって願ってもない提案でした。ＦＦは広島に住む人間なら知らない者はいないイベントですが、パレードをやったりステージをやったりして本当は何がやりたいのかイマイチわかりづらいところが不満でした。そのＦＦの夜のプログラムをプロデュースするということは、若い世代なりのＦＦをプレゼンすることができます。自分たちなりの広島のビジョンをアピールできるのです。

私は委員会の仲間たちとアイデアを練りました。平和大通りのライトアップ、ナイトパレード、夜神楽……しかしすぐに壁にぶつかります。前例がないということで役所の許可が下りない、警察で門前払いされる、計画の壮大さに比べ予算があまりにも足らない……。

今思えば、それはおりづるタワーを作るプロセスとまったく同じでした。私たちは現実の壁に阻まれても必死に食い下がりました。平和大通りのライトアップが不可能なら、平和公園内だけでもできないか。ライトアップにかける予算がないなら、工事現場で使用する投光器や作業灯を借りてカラフルなセロハンで飾りつけよう。電気がダメならピースキャンドルという名目で芝生にキャンドルでメッセージを書くのはどうだ？　来場者に平和への想いを書いてもらって、それを展示するという……。

それはハードで、無謀極まりない、体当たりだらけの日々でしたが、同時に充実感に満ちた時間でもありました。仲間たちと団結して大きなイベントに当たる一体感。自分たちの手で街の新しい歴史を作っているという高揚感……。

ＪＣが私にとって復活した青春だとしたら、ＦＦは間違いなくそのクライマックスのひとつである文化祭でした。私は当時、広島マツダの社長に就任したばかりでしたが、会社の仕事など放り投げ、毎晩遅くまでＦＦの作業に没頭しました。仲間たちも会社が終わるやいなや現場に駆けつけ、どうすればもっと面白いものができるか、どうやって目の前の問題を切り抜けるか、時には胸倉をつかみ合うほどの情熱でぶつかり合いました。

私たちが真剣に取り組むことで、ＦＦ企画実施本部の方々も「お前たちはこれまで出会った口だけ達者で何もやらないヤツらとは違うな」と認めてくれ、新たな友情も生まれました。

この〝夜のＦＦプロジェクト〟はもう13年前の出来事になりますが、ここで一緒に汗を流した仲間で、おりづるタワーのオープニングメンバーに合流した人が何人もいます。つまり私にとってここがおりづるタワーに連なる道の原点であり、一番最初の街おこしに関するアクションだったのです。

「街をよくするとみんなが幸せになっていくんだ。みんなを巻き込むと、何かが変わっていくんだ……」

祭りの熱は私を魅了し、今後自分が歩むべき道を決定づけたのでした。

広島マツダ社長就任。父と真逆の戦略に打って出る

２００５年は私にとって節目の年となりました。

ＪＣの副委員長になり、翌年には委員長に就任。９月に初めての子どもが生まれ、12月に広島マツダの社長就任——怒涛《どとう》のように周りの環境が変わっていくなか、自分の考え方も人生に対するプライオリティーも大きく変化していきました。

私は広島マツダの社長に就任したとき、「社長は10年で辞めよう」と心に決めていました。そのとき私は36歳。10年間ほど懸命に務めて、46歳で潔く辞めよう——そんなふうに思っていました。

というのも、夜のＦＦを体験したことで、私の興味はすっかり街づくりや人づくりという公共性の高いものにシフトしていました。いかに多く車を売って会社を富ませ

るか、自らの富を増やしていけるか――そんなことよりいかに多くの人とつながって、一緒にこの街をよくしていけるか。社会全体に奉仕することで、いかに多くの人に喜んでもらえるか――そちらの方に魅力を感じるようになっていたのです。

だから社長になって最初に役員に言った言葉は次のようなものでした。

「私は社長になってもあまり会社にいられないと思う。JCでも委員長をやってるし、家では子どもが生まれたばかりだ。だからみなさんに助けてもらわないと物理的に会社を回していけない。社長は会社に常駐して、会社に関することをすべて仕切ってくれると思っているのなら、その考えはここで捨ててほしい。私はみなさんに裁量を与えるので、みなさんがそれぞれの部署で責任を持って仕事を進めていくことで、この会社を今よりもっとよくしてほしい――」

部下を信頼し、業務を任せる。こちらから口を挟まず、とにかく一度やらせてみる――今につながる私の仕事のやり方が確立された瞬間です。

ただ、そうは言うものの会社の仕事に手を抜くわけにはいきません。「わしは60歳で社長を辞めておまえに譲る」と言っておきながらなかなか退任しない父に対し、私は「いつになったら代わるんだ！」と常に歯向かってきました。入社後数年は仕事もわからず、気持ちも入らず、会社をサボってばかりの役員でしたが、ＪＣの活動で自信をつけてからは組織の運営にも自分なりの視点を持つようになりました（父も耕平氏も務めた広島ＪＣ理事長に２００９年就任。その後、もうひとつの地域団体である広島商工会議所青年部・広島ＹＥＧの会長も２０１３年に務めました）。

ここで結果を出せなかったら周囲の人に「結局哲也は父親にかなわない」と思われてしまいます。ましてや名誉会長として会社に残る父に何を言われるかわかりません。私は社長に就任してすぐ、父がこれまでとってきた方針と真逆にかじを切ることを宣言しました。

まず、14億円を投資して、広島市南区に西日本最大級のショールームを持つ宇品本店を作るとブチ上げたのです。それは会社としても天と地が入れ替わるほどの大転換でした。父の方針をひと言で言えば〝コストカット〟です。それもこれまで20年近く一切の投資を行わず、15年間、新卒採用をしないという徹底したものでした。年間数億円の不動産収入があるのでそれを守り、危険な賭けには絶対出ない。店を閉めることはあっても造ることはなく、いくら設備がボロボロでも修繕しない。なんなら自前で修繕の会社を作って、社員に壁を塗らせる……父のやり方はそれくらい極端なものでした。

しかし、私は就任早々そこにNOを突き付けたのです。守るのではなく攻める。スリムにするために断食という手段ではなく、美味しいモノをいっぱい食べて、運動して筋肉を付けていく。そのためには売り上げを増やす、お客様を増やす、自分たちを信頼してくれる人を増やす、仲間を増やす、店舗を増やす、新規事業を増やす……そっちの方が絶対充実した人生が送れるはず。「冷房設定は28度にしろ」「休憩時間は電気を消せ」なんてトップがチマチマ言う窮屈な会社より、何でも挑戦できて生きている実感が感じられるはず。

父が社長の時期はデフレの時代だったため、ひたすら固定費を下げることに腐心していました。それは終わりのないダイエットのようなもので、確かに会社は利益を残せますが、いつか転換しなければならない時期がやって来ます。なんといっても、そのときまで15年新規の採用をしなかったことで、社員の平均年齢は50歳になっていましたから！

私はトップは器が大きくないといけないし、未来志向でないといけないと考えます。細かいことには口出しせず、会社に美味しいものをたくさん食べてもらって、その分は運動して燃焼する。身をそぐストイックな経費削減より、走って汗をかいて喜びと欲望を享受するいきいきとした人生を謳歌《おうか》したい。自らアクションを起こし、自ら道を切り開き、失敗も成功も自分が責任を負う自発的な生き方を貫きたい――だってその方が楽しくないですか？　我慢比べを続けるような人生を一生送っていきたくありません。

私が社長に就任して会社のモットーとして掲げたのは、たった2つの言葉です。

「Happyhappy」と「Specһigher」――つまり「あなたの幸せが、私

の幸せになります」という関係性の定義と「誠実に努力を重ね、日々成長していきます」というマインドの定義。自分の能力（Spec）を高めながら（higher）、あなたがハッピーになることで私もハッピーになるというWin-Winの関係を築くこと。逆に言えば社員はそれだけ押さえていれば、あとは何をやってもいいのです。

ただ、私がそうした外向きで、ダイナミックな手法を持ち込んだのは父への反発が根本にあったことは否定できません。あまり認めたくはありませんが、私の経営哲学は「父のやらないことをやる」という対抗心が原点になっているのは間違いないことです。

松田家の本家筋と分家筋、積み重なったコンプレックス

広島マツダに関しては私と父の親子関係だけで語るわけにはいきません。

私が社長に就任したとき、大きなライバルとして意識していたのは、先々代の社長

である父がひとつ（父と私の間には河野博明さんが3年間社長を務められました）。そしてもうひとつはアンフィニ広島という会社の存在でした。

アンフィニ広島は広島マツダと同じく、広島県内でマツダ車を販売するディーラーです。マツダは1990年代前半、マツダ、マツダモータース（広島マツダの前身）、マツダオート（アンフィニの前身）、ユーノス、オートザムという販売店5チャンネル体制を敷きましたが（この拡大政策が裏目に出て経営悪化、以後フォード傘下に入る）、現在は吸収や合併が行われ基本的に1系列に集約されています。

そのなかでいくら本社のお膝元とはいえ、ひとつの県に広島マツダとアンフィニ広島という2つのラインが存在するのは奇異に映ります。どうして他地域のように合併して、販売ラインをひとつに統一しないのか――それはこの2社の成り立ちに松田家が深く関わっているからです。

以前も書きましたが、広島マツダは松田重次郎の次男にあたる松田宗弥が創業者です。一方のアンフィニ広島は重次郎の長男である恒次さんの長男・耕平さんが創業し、当時は耕平さんの次男の松田弘さんが社長を務めていました。つまり松田重次郎を軸にしてみると、アンフィニ広島は長男筋の会社、広島マツダは次男筋の会社なのです。詳しく言うと、恒次さんが一度松田家を出て養子になられたため、祖父の宗弥が本家筋を引き継いでいましたが、家督は我々にあっても、やはり明らかに次男筋であることが事態をより複雑にしています。

同じファミリーの会社だったら合併も他より簡単なのでは、と思われる向きもあるかもしれませんが、一族内だからこそ難しい部分もあります。

実際、私にしろ父にしろ、長男筋に対するコンプレックスは常に抱えていました。覚えているのは1970年代から80年代に至るカープ黄金期、思春期まっただ中の私は街中で盛り上がる赤ヘル人気を尻目に「どうしてうちはカープじゃなくてトラックを売る会社をやっとるんだろう。うちも耕平さんの家みたいにカープをやっとったらよかったのに……」とうらやましく思っていました。

あっちは車を造るマツダ本体であり、こっちはあくまでその車を売らせてもらう立場……しかも祖父の宗弥が原爆で亡くなったので、疎開していた当時小学生の父・欣也は終戦後、長男筋の施しで育てられたのです。

さらに長男筋は耕平さんも元さんもみんな慶應義塾大学を卒業しているのに、うちの父は立教大学卒、私に至っては一浪してやっと関西大学という体裁です。向こうは何も感じてないでしょうが、わが家のなかでは何をやっても長男筋にかなわないという卑屈な空気がずっと流れていたような気がします。

それゆえ、私が社長に就任したとき、まず目標にしたのはアンフィニ広島でした。社長の弘さんはカッコよく、弁も立ち、何でも教えてくれる優しい方でした。父と違って私のあこがれでした。当時は広島マツダよりアンフィニ広島の方が売り上げも多く、店舗数も10店近く多かったのですが、私は「過去の実績を凌駕しよう。アンフィニ広島に追いつこう！」と会社でハッパをかけたのでした。

それから10年後の2015年、私は社長就任時に約束した通り、在任10年を区切りとして社長の座を後進（松田家の人間ではありません）に譲り、会長へと肩書を移しました。そのころには無謀と思われた目標も達成していました。社長就任前と比べ、財務体質も社員満足度も大幅にアップしていました。

結局それらの活動の基盤となったのは私がずっと抱えてきたコンプレックスに他なりませんでした。コンプレックスに向き合い、それを受け入れ、その先を模索すること――そのためにはどうすればいいか？　ずっと反抗してきた父に社長としての業績で引けを取りたくない――そのために自分には何ができるのか？

私は才能のない平凡な人間ですが、だからこそ何にも縛られず、自分なりのやり方を突き詰めていくことができました。生まれつきの〝能力〟や〝境遇〟といったものに左右されず、自分だけの自由な道を進むことができました。

そう考えるとコンプレックスに感謝の気持ちこそ抱きませんが、「だからこそ今の自由な自分がある」という事実については素直に受け入れることができます。

正解というのはひとつではないし、正解にたどり着くことより、むしろその正解を自分の手で造れることこそ幸せなのかもしれない――今、私はそんなふうに感じています。

おりづるタワーは広島の戦後史が作らせた必然の建物？

これまで長々と私の半生を書いてきました。

私がどのような子ども時代をすごし、どのような青春時代を送ったのか。故郷に対しどのような愛憎を抱え、家族に対して、松田家に対して、どのような反骨心を持って接してきたのか……。「いい気になって自分のことばかり語ってんじゃねえよ！」という冷たい視線を感じながらもここまでしつこく書きつづってきたのは、それらを踏まえた上でどうしてもみなさんに伝えたいメッセージがあったからです。

私の経歴とおりづるタワーの間に一体どんな関係あるのか？

私はここで2つの視点をみなさんに提示したいと思います。こういう見方をすることでおりづるタワーに新たな意味を与えられるんじゃないかという、見立てのプレゼンテーション。〝平和をテーマに作られた広島のランドマーク〟という以外のタワーの存在意義……。

まずひとつめは、自分で言うのもおこがましいですが、おりづるタワーを松田家の人間が作ったという事実です。

これまで書いてきたように、私は松田家の異端児としてずっと複雑な気持ちを抱えてきましたが、おりづるタワー建設に至る過程でも、その想いは切り離せないところがありました。いやむしろ、松田家というより「マツダ」が成し遂げていない広島の街への文化的貢献として、さまざまな鬱屈と偶然の果てにこの事業に取り組んだところに意義があると思うのです。

しかし、それを戦後の街の歴史の中で俯瞰して見るとどうでしょう。松田重次郎が立ち上げたマツダは、原爆で危機的な状況を迎えながらも復活し、街の復興と共にここまで歩んできました。マツダが車を造ることで街に活気が生まれ、その車が街を駆け回ることで復興が加速する。広島とマツダはそんな二人三脚でこの街の発展を支えてきたのです。

そんなマツダを創業した松田家の末裔が、復興した広島の街を見てもらうためのタワーを作るというのは、私にはとてもふさわしいことのように思えます。広島と共に壊滅的な打撃を負い、広島と共にはい上がり、広島と共に繁栄を享受してきたファミリーが、今度は広島の街に恩返しをする。今ある平和を噛みしめ、これまで一緒に造り上げてきた風景を改めて味わうことのできる場所を提供する。しかも創業の地のすぐそばで（広島マツダの創業地は広島市猿楽町101番地。現在のメルパルク広島のすぐ裏です）――それは広島の戦後史という観点から見ても非常に筋の通った、納得できるシナリオではないでしょうか。

さらに私は、ここにもうひとつのランドマークを加えてみたいと思います。2009年、JR広島駅近くにオープンしたマツダZoom-Zoomスタジアム。この施設の建設に尽力した最大の人物は、言うまでもなくカープのオーナーであり、私にとっては〝はとこ〟にあたる松田元さんです。広島の生命力の象徴であるマツダスタジアムと、広島の平和を感じるスペースであるおりづるタワー――市民に寄り添い、常勝チームを作り上げ、今や神様のような位置に立たれている元さんと並べて語るのがおこがましいことは十分承知の上で、それでも言わせてもらえれば、この平成後期に建てられた広島を代表する2つの建造物に、共に松田家の人間が絡んでいることは、ひどく示唆的である気がします。

もちろん私はここで、松田家は凄い、松田家は偉い、ということを言いたいわけではありません。松田家という血筋が〝たまたま〟体現してしまった広島という街のヒストリー。それを軸に考えると、おりづるタワーは建てられるべくして建てられたのではないか、私は自分の意志でおりづるタワーを作ったつもりになっているけど、もしかして強大な歴史のうねりに動かされてタワーを〝作らされた〟のではないか――そんなふうに思うこともあります。

おりづるタワーは、70年を超えた広島の戦後史が、もっとも扱いやすい松田家を使って作らせた必然的な建物だった――そんな解釈で眺めてみると、特に広島の方々はタワーに新たな息吹を感じることができるのではないでしょうか。

劣等感がゆえの〝自由さ〟がタワーを作った

そして、私がみなさんにお伝えしたいおりづるタワーのもうひとつの見方。

それはおりづるタワーを作ったのは、これまでひねくれ者として生き、劣等生の道を歩き続けた男だということです。

おりづるタワーは、子どものころから故郷の惨劇に胸を痛め、まっすぐな心で世界平和を願ってきた優等生が建てたものではありません。これまで私の文章にお付き合いくださった方ならわかるように――中学受験に失敗し、父親と殴り合いのケンカをし、家族とは一言も口をきかず、青春時代はゲームセンターとデートに明け暮れ、一刻も早く広島を出て行くことを考え、そのくせ再び受験に失敗し、親に反発しながらもピンチになったら平気でスネをかじる姑息《こそく》さを有し、才能もないのにロックバンドや演劇にあこがれ、結局なにひとつモノにならず、最終的には親の会社を継ぐというもっとも自分に都合のいい選択をして地元に帰ってきたサイテーの男が作ったものです。

このようなことを書くと「松田家のお坊ちゃんが何言ってんだよ」と鼻白む方も多いことでしょう。劣等感と言っても、しょせんお前は松田家の人間。一般庶民とは何もかも違う。ひねくれ者とか言いながらも、名刺に会長とかCEOといった大層な肩書が付いているようなヤツに不幸自慢をされても何も響かないよ……そう思われる方が多いことは重々承知しています。

しかし、それでも私は自分のことを敗北感と劣等意識の塊だと自認しています。華やかな光ではなく、暗い影を歩いてきた人生。勝ち組ではなく負け犬。胸の内にあるのは才能や称賛や正論や帝王学ではなく、嫉妬や悔しさや反逆心や煩悩でいっぱい……。

これまでしつこいくらい自分の来し方についてつづってきたのは、そんな自分の人生をなるべく正確に伝えたかったからです。少しでも「俺もそうかも」と共感してもらえる要素があればと願ってのことです。つまり、これは背伸びをしているだけのごく普通の人間の物語である、ということです。

私のエピソードにもうひとつ付け加えるなら、私は46歳で10年続けた広島マツダの社長を退きましたが、それは60歳で辞める、辞めると言いながらずるずるとその座にしがみつき続けた父に対する反発がひとつ。

もうひとつは全国のマツダディーラーは今やほとんどがマツダ直営であり、創業者筋の人間がオーナーを務める会社は減少しているという現実がありました。「松田家の人間がいると、周りはさぞ仕事がやりにくかろう。私はここから早くいなくなる方が良いのかもしれない」とはずっと思ってきたし、自分なりに努力してきたつもりですが、どうしても広島マツダが自分の終の棲家だとは思えませんでした。しょせん自分は親からバトンを受け継いだだけの〝去るべき昔の社長〟だという斜陽的な負い目を常に感じてきました。

それが一体何なのか？　私が自身の無力さにもがき苦しむ人生を送ってきたとして、それとおりづるタワーがどう関係するのか？

私はおりづるタワーを使って、自分と同じように周囲の期待に応えられない虚無感やプレッシャーを抱えてきた人たちに「だから君にはチャンスがあるんだ」ということを伝えたいのです。「そんなのはお前だけじゃない。だからいじけてないで前を向こうぜ！」ということを声を大にして訴えたいのです。

私は、自分がJCに入って気付かされたことを、今度は自分から伝えたいのです。世間を眺めると優秀な人ばかり目に付きます。MBAを持ってるヤツ、海外留学の経験があるヤツ、オシャレな部屋に住んでいるヤツ、収入の高いヤツ、彼女が美人のヤツ、インスタのフォロワー数が何万人もいるヤツ、いい車に乗ってるヤツ……しかし、世の中の大多数の人間は、そんな〝イケてる〟暮らしなどしていません。ほとんどの人間は公立高校に進み、第一志望とは違う大学に進み、トップに一度も立ったことなく、やりたい仕事にも能力が足らず、ふとした縁で世話になることになった会社のなかで懸命に生きているのです。

それは私も同じです。思い通りにならないことばかりの人生のなか、それでも置かれた場所でベストのパフォーマンスを出そうと必死にもがいてきました。劣等感や無力感で腐りそうになっても、むしろそれをエネルギーにして高みを目指そうと自分をたきつけてきました。だから――

「やってやろうぜ！」

と言いたいのです。

目の前のことに全力で、人に見えないところでは努力を。

私と同じような全ての凡才たちに、その一言を伝えたいのです。

天才になれなかった凡人でもできることはあるし、ダイヤモンドに生まれなかった石炭だからこそできることもあります。むしろ最近は「才能に恵まれなかったからこそ自分は幸せなのかも」と思うし、平凡に生まれたことに感謝しています。

あとは死ぬ気でやれるかどうか。天才が持ちえないほどのばか力と情熱で、気後れせずに愚直に打ち込めるかどうか――。

心に屈託を持つ全ての劣等生たちに贈る〝目に見えるエール〟

少し話は脱線しますが、私の好きな言葉に「人生は7勝8敗でいい」というものがあります。知人からもらった言葉で、一説にはプロレスラーの天龍源一郎さんが好んで使っていたという噂もあります。その言葉を聞いたとき私はすごく気持ちがラクになったし、それ以降、自分の信条としてこの言葉を掲げています。

人生は7勝8敗でいい——それは一見すると「?」と思う内容です。勝ち越して終わりではなく負け越して終わります。ハッピーエンドじゃないのです。「ハッピーエンドじゃなくてもいいじゃないか」と言っているのです。

そもそも人は15勝0敗を目指すものです。自分に圧倒的才能があると勘違いして無敵街道を突っ走っていけると信じていますが、すぐにそれが夢物語でしかないことを悟ります。それと同時に何をやっても成功に終わるステージなんてまったく面白くないことにも気付きます。つまり15勝0敗はありえないし、つまらないし、そうなると

15勝0敗も0勝15敗もどちらも試合前の設定の段階で間違っているということになります。

だって人生は勝ったり負けたりの繰り返しで、そのなかでいかに勝ちを拾うか、いかに負け試合を勝ちに変えていけるかが醍醐味《だいごみ》です。

じゃあ、そのなかであなたはどんな戦績を残したいでしょう？　10勝5敗くらいはほしいですか？　8勝7敗はキープしたいですか？　人によってさまざまでしょうが、それでも「せめて勝ち越しで終わりたい」「千秋楽は勝ってハッピーエンドで終わりたい」と思うのが人情というものでしょう。

でも7勝8敗の美学はそれを否定します。「失敗ありきの人生、失敗を想定した人生で何が悪い？」と笑うのです。

私はこの言葉を聞いた瞬間、思わず吹き出してしまいました。「最終的に負け越しでもいいって……何だそれ？」と。それはこれまでの人生のなかで一度も聞いたことがない考え方でした。趣味の悪い開き直りだと思い、鼻で嗤いそうになりました。

しかし、その言葉は私にハタと気付かせてくれたのです。「あ、これまでの人生、俺は勝とう勝とうと必死で、常に肩に力が入ってたんだな」と。「勝とうという想いが強すぎて、負けることが悔しくて、怖くて、それでこんなに卑屈になってたんだな。不自由になってたんだな。自分で築いたおりに囲まれ、ひたすらもがいていたんだな」。

負けてもいいじゃないか、失敗しても別にいいじゃないか——私は自分にそう言い聞かせることで、少しずつ結果にこだわるより勝負自体を楽しめるようになってきました。もちろん失敗は嫌だし、成功は嬉しいのですが、それよりもそこに至るまでの過程や方向性を重視するようになっていきました。

7勝8敗の美学のなかで私がもっとも気に入っているのは、結局最後は負けて終わるというところです。負けて悔しい。このままじゃ終われない。だからもう一度立ち上がって次の舞台で新たな夢に挑んでいく——ここにはそんなラストシーンが広がっています。

もしも勝って終わっていたら、人は自然と守りに入り、新しいことに挑戦しなくなるでしょう。小さな成功を守り抜こうと失敗を怖れ、縮こまった人生を送ることでしょう。でも私はそんな人生まっぴらごめんです。私はささいな成功と引き換えにビクビクした人生を歩むくらいなら、結果負け越しで構わないからアグレッシブでギラギラした人生を送っていきたいと思います。だって今の世の中、勝負に負けたところで命までとられることはないのですから！

チャンスの女神は前髪しかないとよく言われますが、7勝8敗の美学にも今と未来しかありません。それは永遠にチャレンジャーであり続けるという宣言です。いつだって前のめりに倒れ続けるという心意気です。永遠に満たされないはずなのに同時にいつでも満たされているというパラドックスの幸福です。

ついつい余談が長くなりましたが、このおりづるタワーはまさにその7勝8敗の美学が凝縮された産物です。

私にとっておりづるタワーは、自由さや何物にもとらわれない姿勢の象徴です。10代、20代と感じ続けた劣等意識を乗り越えて、自分の可能性を模索するなかで生まれた結晶体。だからここにはつまらない常識など存在しません。歴史も伝統も家柄も肩書も役職も年齢も私にとってはどうでもいいことで、全ては目の前の人と今、何ができるのか話し合いながら作りました。その結果としてこんな型破りな、誰も見たことのないタワーが完成したのです。

おりづるタワー自体、国家や人種や宗教や歴史やイデオロギーや勝敗を超え、等しく手を取り合って未来へ歩んでいく確認の場所になっています。私たちはみんな仲間なんだ、と。もしも過去やこれまでの習慣にとらわれていたら、ヒノキ造りの展望台など一体誰が造ったことでしょう。行政では、天才では、こんな建物はできませんでした。

だから何度でも言わせてください。

「いじけてないで、とにかくやろう！」

「ふさぎこんでないで、トライしてみよう！」

「負けたっていい。失敗するのも織り込み済み。失敗したら笑い飛ばして、またはじめればいい」……

勝つことと幸せはイコールではありません。優勝した人、いい企業に入った人だけが幸せになれるわけではありません。大事なのは試合に勝つことではなく、試合に出てフルスイングすること。負けることより悲しいのは、批評家や傍観者になって自分から試合を投げ出してしまうこと――。

世界中に知られた平和都市の中心に立つ〝平和の塔〟が、実は鬱屈を内面に抱えた〝自由の塔〟でもあるという真実。私はおりづるタワーが性別も国籍も年齢も関係なく、心に屈託を持つすべての普通の人たちに愛と勇気を与える〝目に見えるエール〟になることを願ってやみません。

オープニングセレモニーの日、父は一度だけ来てくれた

最後に、〝自由の塔〟を作って以降の私の劣等感の行方について記しておきましょう。

私と父との関係は変わったと言えば変わったと言えるし、変わってないと言えば変わってないとも言える――そんな状態です。

相変わらず家族で食事をすることはありませんし、父と一緒に酒を呑むなんてとんでもありません。現在、実家と私の家は車で5分ほどの距離ですが、社長に就いた36歳以降、私は一度も実家の玄関をまたいでいません。私が今50歳なので、不踏記録はすでに15年目に突入しています。つまり、父子の関係は冷戦を超えて、今や凍結に近い状態にまで到達しているのです。

ただし、自分が父に似ているかもしれないということは最近感じるようになってきました。結局同じような会議の形態をとっていますし、基本的にワンマンです。父は他人の気持ちがわからない人ですが、実は私も同じなのかもしれません。自宅に戻らず、家庭を顧みず、仕事漬けの毎日を送っていることもそっくりです。

これは口が裂けても言いたくないことですが、私は本当は父のことを尊敬しています。私は家業に縛られることを嫌い、現在たくさんの事業に手を出していますが、父は広島マツダ一筋に歩んできました。ひとつのことを追求しているぶん、私には持ちえない深みがあるし、潔さがあるように感じます。私の今の自由なやり方が父への反発から生まれたものなら、結局私の土台は父が作ってくれたということになります。

しかし、それを伝えることはありません。私たちはもう長い間、互いに譲らず生きてきました。私から歩み寄ることもないし、父から歩み寄ることもありません。将来後悔が押し寄せるとわかっていても、私たちはもうこのまま進むしかないのです。

父はおりづるタワーに一度だけ来てくれました。

オープニングセレモニーの日、家族や親戚と一緒に足を運んでくれました。知り合いから「お前の息子がおりづるタワーを作ったんじゃのぉ」と言われても「それはあいつが勝手にやったことじゃ」のひと言で後は何も話さなかったといいます。散歩坂に飾られた松田家の写真を下敷きにしたマンガを見ても「これは覚えとらんのぉ……」とつぶやくだけでサッサと家に帰ったといいます。

私と父はひと言も言葉を交わしませんでした。

あのとき、父は何を考えていたのか。息子がこんなものを作って面白くなかったのか、多少は立派になったと思っていたのか……父はすでに80歳を超えています。そして、答えはいまだに霧のなかです。

会社では「目の前にいる人を幸せにできなくて、他に誰を幸せにできる?」と偉そうなことを話してますが、自分自身は松田家に向き合わないまま生きているという矛盾を常に抱えています。

そして今も足を踏み出せないでいるのです。

第4章

さあ、更に、自由だ。明日、あいつに、会いに行こっと。

〜2045年、「おりづるタワー」から何が見える？〜

昨日、社長を退任しました。

改めて、いつも支えていただいている皆様、誠にありがとうございます。

昨日の弊社定時株主総会にて、私こと松田哲也は、広島マツダの社長職を後進に譲り、会長となりました。

私は次のステージに移行しますが、新社長の濵中ともども、引き続き広島マツダへご愛顧のほど何卒宜しくお願い致します。


驚いたでしょ。理由は色々あります。まずは、経営的な理由。

36歳で代表取締役社長になり、ちょうど丸10期が経過しました。さらに、今期は83年という弊社歴史のなかで、過去最高の経常利益を上げることができました。当然ながら私の力ではなく『チームヒロマツ』メンバーが最高の仕事をしてくれているからこそ。そんな、最高益を更新し続けながら社長を10年経験できたこと。

心技体、もっとも充実した今こそが、うん、ちょうど花道かなぁ、と。

次に、社長業としての権力的なこと。

これまで僭越ながら肩書だけが立派で、何もしない何もできない人たちをいっぱい間近で見てきました。権威を誇示したり、健康の秘訣とばかり役職に固執し、老人ホームのような組織もたくさんあります。社長は定年がないので、去る時期は自らが決めなければなりません。

ならば執着を手放し、俺の引き際は若くカッコ良くしたい、と。

次に、優秀な後任が見つかったこと。

新社長の濵中正行氏は、国内自動車畑一本で育ち、副社長としての肩書ながら、実態は既に社長みたいなものでした。資質能力は私より遥かに高い位置にあります。

この人事により、今後広島マツダは全社員が「社長」を目指せる組織になります。資本と経営を分離することで、これから弊社はもっと流動的でもっとエキサイティングな組織になるはずです。

任せても、いや任せた方がもっと良くなるだろう、と。

次に、時間的なこと。

実はこれが一番の理由かもしれません。元来、ヒマが嫌いみたいで、いつも予定をびっしり詰めてしまい、朝も昼も夜も深夜も、時間に追われる生活を15年してきました。

結果的に自分のキャパを超える毎日でした。近年は本さえ読まなくなり映画も観ていません。知人からの食事の誘いはおろか、日中の仕事のアポイントメントさえ、何ヵ月もお待たせする事態です。大事なお付き合いや触れ合いを逃している焦りを本当に感じていました。

もっと「ヒトとコト」に真正面から向き合いたい、と。

次に、新しい仕事のこと。

そう言いながら、私はこれからも忙しい日々を選ぶのでしょうが、それならば特に新しいことに時間をかけたい。広島マツダは新規事業目白押し。中国、輸出、ニュージーランド……。これからもドンドンいきます。

そして、いよいよ来年夏は「おりづるタワー」がオープンとなります。これは、全世界に発信できる事業であり、全世界から注目される事業となるはずです。非常にやりがいがあります。やりがいがあるということは、やることがたくさんあるということ。私が全精力をかけても全然足りないほど。おい、マジこっちに力を集中しなきゃ、と。

結局、やりたいことは「新(シン)」と「人(ジン)」であります。ヒトとのつながりのなかで新しいコトを見つけ、そして人の喜びとなるモノを追求したいと思っています。これはウチとソトで。商品を作ったり売ったりして儲けることではなく、一緒に作ったり売ったりする仲間を作りたい。打倒、ワークライフバランス。休みのために仕事をするのではなく、仕事自体に遊びと喜びを感じられるような。そんな街に、そんな会社に、そんな人生にしたい。そのための時間に力を注いでいきたい。

そう、これこそが俺の生きる目的では、と。

皆様、誤解のなきよう。

アーリーリタイヤメント、早期引退ではありません。

私の新しい肩書は、株式会社広島マツダ　代表取締役会長　兼　CEO（最高経営責任者）。よりもっとエラソーになります。だからクルマも買ってくださいね。車検や修理も是非ぜひ。

「おりづるタワー」の新会社も来年立ち上げます。これは改めて社長になるつもりです。

まあ、結局はあまり変わらないかもしれない、と。

でも、新しいことを探す旅は、もっと加速されます。もっとガンガンです。ですから、これからも変わらずに仲良くしてください。改めて宜しくご指導のほどお願い致します。

さあ、更に、自由だ。
明日、あいつに、会いに行こっと。
愛に、生きよう、っと。

2015年12月15日（広島マツダ社長退任の翌日）の
Facebookより転載

今取り組んでいるのは、私なりの働き方改革

時制を現代に戻しましょう。

２０１９年、50歳の誕生日を迎えた私にとっての今、そして未来――。

この本の冒頭に書いたように、２０１６年7月11日、おりづるタワーが世間にお披露目された日を境に私の人生は終わってしまったのではないかという感触はいまだに強く残っています。出合いから7年たってやっと完結した、人生を賭したプロジェクト。

実際、私は燃え尽きていました。あれから3年、何をやっても熱くなれず、腹の底から笑うこともできず、どこか芯の抜けた人形のように生きてきました。私は思いました。自分のなかの生きる手応えのようなものをすべてあの場所に置いてきてしまったからこれほどカラッポになっているのか？ そしてこの空洞はいつか埋まるのか……？

ただ、現実はいつまでも抜け殻でいさせてくれません。おりづるタワーを作り終えて私が今何に取り組んでいるか。ここではそれをつづっていきたいと思います。

２０１５年に広島マツダの社長を退き、２０１６年におりづるタワーの完成を見て、現在私が一番興味を持っているのは働き方改革です。そう、ワーク・ライフ・バランスとか一億総活躍社会とかテレワークとかダイバーシティーとか残業禁止とか、国が大声で宣伝している例の改革に、私なりのやり方で返答しようとしています。

それは私のなかで〝人づくり〟に注力しているということでもあります。私が大きな影響を受けたＪＣのモットーは街づくりと人づくりでしたが、おりづるタワーが完成したことで街づくりの部分ではひとつの達成を見たところがありました。それを受けて「街づくりの次は人づくりだ」という側面もありますし、自分自身が熱いモチベーションに欠けているため「せめて若い人たちの背中を押す役割を担おう」と思ったところもあります。どちらにしろ、私はプレーヤーの立場から一歩下がった、マネージャーの目線で周囲を見るようになりました。

おりづるタワーという大目標から距離を取り、フラットな場所に立つと、世の中の矛盾や日本経済の危機が目に映るようになりました。

そもそも、私は今言われている働き方改革というものにどうしても納得できません。ワーク・ライフ・バランスという言葉にも首をかしげてしまうし、労働時間を短縮して生産性を上げるという効率主義にもいささかの無理を感じます。

私が今の働き方改革で一番納得できないのは、すべての政策の根底に「仕事は嫌なもので面白くないもの。プライベートは善で楽しいもの」という考えがあるところです。仕事は悪なのでなるべく短くして、時間は短縮するけど効率を上げて総生産量はキープ。そして空いた時間は育児など、家族とすごす時間に充てて少子化問題に対応。さらに余裕がある人は趣味や旅行に励んでください。景気が落ちないよう旺盛な消費活動を繰り広げてください——私には、国が言ってることは非常に都合のいい話のように聞こえます。

それにワーク・ライフ・バランスという言葉を使って仕事と私生活を完全に分ける

考え方もどうなのでしょう。仕事とプライベートはそんなにハッキリ分けられるものでしょうか。仕事用の携帯電話と個人用の携帯電話、公私を厳密に分けるため、何台ものモバイルを持ち歩き、常にどっちが鳴っているのかパニックになっているビジネスマンを私は知っています。終業後は有無を言わせず会社の外に放り出され、しかも社外に仕事用PCを持ち出してはいけないため、ものすごく煩雑なデータ転送を行って会社近くの喫茶店で仕事をしている有能プランナーを私は知っています。はたしてこれが業務の効率化と言えるのでしょうか?

私自身も家でお風呂に浸かっている最中に仕事のアイデアがひらめくことはしょっちゅうですし、仕事を通じて知り合った仲間との気の置けない二次会はビジネスなのかプライベートなのか全くわかりません。

つまり人はそんなにデジタルに生きられないのです。スイッチを切り替えるように公私を使い分けることは不可能だし、OSのバージョンをアップするように仕事の能率を上げることなど机上の空論だと思います。

人には心があり、杓子定規に働き方は規定できない――だから私はマインドの面から「人にとって働くとは何なのか？」「自分は若い人たちにどういう働き方を奨励したいのか？」ということを考えることにしました。

挑戦したい社員を後押しするダブルワークシステム

まず最初に浮かんだ問いは、人間にとって何が一番ストレスなのか、という問題でした。

私は「自分の人生を自分で動かせないこと」だと思います。上司の言いつけで本意ではない業務を〝やらされている〟状態、自分が思ってもいないことを〝言わされている〟状態……これはイヤです。人に心があることをわかっていれば、こんな状態が続いているといつか心身に不具合が出てくることはあきらかです。

となると日々ストレスが溜まらない状態、つまり「幸せ」とは、自分が思うこと、自分が口に出すこと、自分が行動すること、自分が目指すことが一直線につながっている状態だと言えます。すべて自由で、すべて自分で決められる状態。結果は求められるけど、髪型も服装も出社時間も退社時間も何もかもが自由という働き方……。

もちろん労働に求めるものは人それぞれです。自分で考えることが苦手で、誰かに指示をされた方がラクという人もいるでしょう。やりたくないことをやらされても、就業規則を守っていれば一定の給料と休みをもらえるならその方がいい——そういう生き方を選ぶ人もいるでしょう。

しかし、私はそうではありません。私はタイムカードに支配される人生なんてこりごりだし、自分の予定は自分で組み立てたい人間です。やりたくない仕事に〝9時5時〟で縛られるくらいなら、休みなんてなくていいから自分の好きな仕事を自分のスタイルでとことん追いかけたい人間です。

仕事が普段の生活とは相いれない〝やらなければいけないこと〟ではなく、仕事が自分の人生の目的と合致した〝やりたいこと〟であるライフスタイル——それをこの広島で追求してみたらどうなるだろう？　誰もが納得するとは思わないが、仕事を生活の糧を得る手段ではなく、自己実現の重要なファクターと捉えている人もこの街に少なからずいるのでは……？

なので、このやり方に合わないという人も多いと思います。休みは休みなので仕事は一切やりません、就業時間内は社のルールに従いますが1分でもそれを超えたら私は仕事とは無関係です、というタイプの方はうちに来ない方が無難でしょう。ただ、責任も伴うけど自分の意思を尊重してくれる、リスクもあるけどチャレンジもできるという働き方には一定のニーズもあるようで、現在広島マツダにはこれまでだったらうちに来なかったような人材が集まるようになりました。銀行などの安定企業の内定を蹴ってまで入社してくれる人も増えました。

では広島マツダなりの〝働き方改革〟は具体的にどのような形で行われているのでしょう。それをもっとも端的に表現しているのがヒロマツ流ダブルワークシステムです。

私が社長に就任して以降、広島マツダはM&Aを行ったり新規事業に進出するなどして現在16の会社を傘下に抱えています。マツダ車の販売、修理、アフターサービスはもちろん、スウェーデンの自動車メーカー・VOLVOの車の販売、スポーツカーで有名なイギリスのメーカー・ロータスの車の販売、現在S耐に参入しているレーシングチーム「HM Racers」の運営（2018年、Global MX-5 Cup Japan第4戦·in岡山国際サーキットで初優勝！）、カーリース、レンタカー、保険の代理店業務、他にも不動産業務、アパレル店舗運営、中国大連に拠点を置く情報システム開発の会社では「P·iQy（ピッキー）」というコミュニケーションアプリを制作し、ニュージーランドでは「MAHO」という名の中古車輸入販売店を運営するなど、仕事は車を超え、海を越え、非常に多岐にわたります。

ダブルワークシステムはそんな広島マツダの組織の幅広さを生かしたもので、希望する社員は広島マツダに在籍しながら子会社に役員として関与することができます。つまり、社外での副業を認めるのではなく、グループ内で兼業ができるのです。たとえば、広島マツダで車の営業を行いながら、それと同時にアプリの開発を行う会社で取締役を務めるというのが、私の標榜するダブルワークシステムです。

最初に断っておきますが、役員の部分は労働基準法の定める〝労働者〟に該当しないため給与はもらえません。会社を軌道に乗せ、利益を生めば報酬や賞与が出るかもしれませんが、最初の段階では給料ゼロ。言ってみればタダ働きです。「そんなの誰がやるんだよ。ブラック企業のやり方じゃん！」と思う方もいるかもしれませんが、広島マツダでは多くの社員がこの募集に応募してきます。それは一体なぜでしょう？

それはこのシステムで安定とベンチャーの両方獲りができるからです。広島マツダの社員として月々の給料をもらいながら、違うジャンルの会社の経営に参画することができるからです。24時間車の営業マンでは刺激が足りないけど、24時間ベンチャーはリスクが大きすぎると感じる人にとって、このスタイルは魅力的に映ります。なぜなら彼らは生活を保障されながら別の会社のかじ取りという、またとない経験ができるのです。たとえ経営に失敗しても全てを失うわけではなく、広島マツダという戻れる場所があるのです。

人生は7勝8敗。失敗しても大丈夫なのですから。

2つの会社を掛け持ちすることで休みは少なくなるかもしれませんが、別会社の経営を通して成長するだけでなく、社長として大きな夢を手に入れることができるかもしれません。ここには、仕事を通して自分の人生を切り拓いていける広大なフロンティアが用意されているのです。

せっかく野心があるのにあと少しの勇気がなくて行動に踏み出せないでいる若者にとって、これほどチャレンジに優しい環境はなかなかないのではないでしょうか。

「LDKオフィス」でワークとライフの壁を壊す

私がこのダブルワークシステムで若い人たちの背中を押したいと思った背景には、先述した7勝8敗の美学も影響しています。負けてもいい。失敗してもいい。どんな形であれとにかく〝試合〟に出ることが重要なんだ――。そういう意味でこのやり方も〝おりづるタワーイズム〟の延長線上にあるものかもしれません。

現在このシステムを使ってダブルワークしているのは10名ほどですが、今後は希望する社員全員に適用していく予定です。

そしておりづるタワーと言えば、タワー内に作ったおりづるタワー事務局オフィスも、私がイメージする働き方改革を体現したものになっています。その名も「ＬＤＫオフィス」！　ＬＤＫとはもちろんあのＬＤＫのことで、居間も食事場所も台所も一緒になっているＬＤＫのように、すべてが混然一体となった実験的ワーキングスペースをここでは展開しています。

何と言っても驚かれるのが、オフィスに入ってすぐ、本物さながらのバーカウンターが置かれていることです。頭上に酒瓶やグラスが並ぶ「Ｂａｒ ＬＤＫ」は普通に打ち合わせにも使われますが、昼はカフェ、就業後は実際にバーに変身します。さらに、オフィス内には靴を脱いでリラックスできる畳の小上がりもあれば、ウッドデッキを敷いたバルコニーで休憩することもできます。もちろん座席はフリーアドレス。室内には会社とは思えないほどの大音量で音楽が流れています。テレビも常につけっぱなしです。

社員の服装は自由。完全に自由です。髪を染めるのもOK、ジャージでもビーサンでもOK。タトゥーさえ特に言いません。

私はどうしてこんなケッタイなオフィスを造ったのか？　外資系のオシャレなオフィスを真似たのではありません。決して会長の道楽でもありません。オフィスを仕事だけのスペースから解放し、業務も休憩も打ち合わせも食事もすべてがいっしょくたになったLDK化を進めたのは、ここでワークとライフの間の壁をぶち壊したかったからです。音楽をガンガンに流し、パソコンに向かっている人の横に酒を呑んでいる人を置くことで、ワーキングスペースとプライベートスペースを融合させたかったのです。

そこには、効率性や生産性や創造性を全く度外視しています。そんな観点を一切排除していています。いわばアナログをベースにしたひとつの実験です。今の働き方改革の真逆にある、働くことも食べることも遊ぶこともすべてをシームレスに捉える私の労働感覚をスタンダードにしてみたとき、はたして会社にブレイクスルーは起こるのか？　社員はいきいきと働くようになり、結果的にお客様を喜ばせることにつながるのか？

その答えが明らかになるのはこれからですが、ほぼ成功は見えてきました。

こうした逆張りの視点で王道に挑戦状を叩きつけるのは、ひねくれ者の自分らしいやり方だと思います。ただし、それは勝算のないヤケクソの挑戦ではありません。むしろ「本来の働き方改革はこっちなのでは？」というカウンターカルチャーのスピリットを含んだものです。

私は広島だけではなく、中国やニュージーランドでもビジネスを行っていますが、そこで痛感するのは「日本は他国に完全に後れを取っている」という事実です。日本国内ではいまだに「ジャパン・アズ・ナンバーワン」「日本は外国で尊敬されている」「なんだかんだで国民総生産（GNP）3位」という意識が主流のようですが、バブルの時代に比べて日本の存在感は格段に低下しています。

たとえば、タイやベトナムについて、以前は〝物価が安い国〟というイメージがありましたが、もはやそんなことはありません。それは彼らの経済力が上がり、日本の経済力が下がったからで、国の活気、人口の増加、自由な気風、人々の向上心などを考慮すると、ここ数年で彼らに追い抜かれてしまうことは避けようのない事実だと感じます。

そんな成長期まっただ中の国から見ると、日本はなんて夢のない国だろうと暗澹《あんたん》たる気持ちに襲われます。なぜなら、帰国して地元の会合に顔を出すと、中小企業の社長さんが熱心に話すのは相続税対策のことばかり。これまで築いた財産をいかに損をせず息子に譲るにはどうしたらいいか。税金の網をかいくぐるにはどうしたらいいか……社員のために何ができるかとか、どうやって会社をよくしたいかといった未来志向の話は一切聞かれません。本当に、びっくりするくらい守り一辺倒です。

日本の将来はこれで大丈夫なのだろうか……広島という一地方の中小企業がそんなことを憂いてもどうにもならないことは百も承知ですが、それでも少しでも身近な社員が活気づき、その結果会社が活気づき、街が活気づくことになればいいなと思いながら私は今、地道で先の長い人づくりに取り組んでいるところです。

広島ほどポテンシャルに満ちた街はない

ではおりづるタワーを作り、さまざまな国に商談に出向き、「ヒロシマから来ました」と名刺を渡してきた私が今、広島という街に対して想うことは何でしょう？

私は、広島ほどポテンシャルに満ちた街はないと思います。

よく言われることですが、広島は非常に住みやすい街です。すべてが一ヵ所に集まるコンパクトシティーで、適度に都会で適度に田舎。山も海もあるのでスキーもボートもできるし、魚も野菜も美味しく、買い物に不自由しないし、映画やコンサートも頻繁に行われています。あとなんと言っても広島東洋カープ（野球）を筆頭に、サンフレッチェ広島（男子サッカー）、広島ドラゴンフライズ（男子バスケットボール）、JTサンダーズ（男子バレーボール）、コカ・コーラウエスト レッドスパークス（女子ホッケー）、広島メイプルレッズ（女子ハンドボール）、アンジュヴィオレ広島（女子サッカー）……など、地方都市でここまで多様なプロスポーツを楽しめる街はあまりないのではないでしょうか。どこからでもゴルフ場まで30分圏内という点も魅力です！

10代の頃は〝中途半端なダサい街〟と思ってきましたが、それは裏を返せばすべてがほどよく揃った過不足のない街ということでもあります。そして30年前と今でもっとも違うのは、インターネットが普及したことにより都会との情報格差がなくなったことです。今は広島にいても東京の情報が手に入りますし、世界中の人とコミュニケーションがとれます。得られる情報に格差がなくなった一方で、広島は東京より物件も安く、自分でお店をはじめたり、何かをスタートアップするには敷居が低いというメリットがあります。

さらに、私がストロングポイントだと思うのは広島に適度な商圏があることです。いくら商売や芸術がやりたくても、そこに人がいなければ持続的に続けることは不可能です。ですが広島にはある程度のマーケットがあり、人と人とのつながりをテコにビッグビジネスに成長させていける団結力とネットワークも備えています。観光客も多い。

その代表例が近年の広島カープです。長年、成績も人気もパッとしなかった地方球団が、カープ女子で一気にブレイク。今やマツダスタジアムは広島観光の大きな目玉ですし、地元の人でもチケットが取れないほどの盛況です。これも元々のマーケットがあったところに、マスコミを巻き込んで市民の一体感が醸成され、さらに球団のアイデアと努力がメディアを通して拡散されたことにより、今のような全国的なブームが巻き起こったと解釈していいでしょう。

身近なところでもそれに似たことは起こっています。2018年、明治安田生命J1リーグで世界で2つしかない被爆地を本拠とするサンフレッチェ広島とV・ファーレン長崎が対戦する機会が生まれましたが、それを「ピースマッチ」と銘打って開催するという記者会見がおりづるタワーで行われました。『この世界の片隅に』『恋のしずく』など、広島を舞台にした映画の発表も、おりづるタワーでしょっちゅう行われています。こうしたニュースを地元メディアは積極的に取り上げ、広島発の元気として全国に発信します。ここまで新聞やテレビ、ラジオといったメディアが〝広島〟というキーワードに好意的に反応してくれる地域は他にないと思います。

そう考えると、死にたいくらいにあこがれた花の都〝大東京〟——というのはもはや過去の話なのかもしれません。実際には東京一極集中は更に加速し、それ以外は全て衰退していく方向にあるように思います。

一方、東京は文化的にも物理的にも飽和状態へと進み、地方はそれぞれのコンテンツを使って、つまり独自性を発揮して生き残りを図るサバイバル時代に突入することになります。行きつくところは、ローカルの個性的なクリエイティブパワー。そこの住民一人一人がどう躍動していくかが、鍵となるはずです。

その中で広島はこの先、勝ち抜いていけるのでしょうか？

戦後に生きる私たちは街に何かをもたらしてきたか？

広島という街のバリューを考えたとき、一番に名前が挙がるのは2つの世界遺産である厳島神社と原爆ドームであることに間違いありません。もちろん、カキやお好み焼き、汁なし担々麺といった食べ物、カープやサンフレッチェなどのスポーツ観戦……といった魅力もありますが、世界中に発信され、全世界から人を引き寄せているという意味ではこの2つがキラーコンテンツのツートップになっています。平和について考えられる街であり、なおかつ海上に鳥居が浮かぶ神秘的な島も近いという相乗効果により（食べ物やアクティビティーの魅力はその上に乗っかってくるものだと思います）、人々はＨＩＲＯＳＨＩＭＡに興味を持ち、はるばる遠方から足を運んでくれるのです。

それはありがたいことである反面、個人的には素直に喜べない部分があることも事実です。なぜなら嚴島神社が今の形になったのは平清盛が権勢を振るった平安時代末期、そして原爆ドームが誕生したのは言わずもがなの１９４５年。つまりどちらも過去の遺産であり、広島は先人たちが遺してくれたレガシーによって世界中から注目を集め、繁栄をおうかしている——現在を生きるわれわれは過去の恩恵にすがりついているだけのようにも見えてしまうのです。

もちろん話はそんなに簡単ではありません。どんなに素晴らしい遺産でも、それをきちんと保存し、外部にアピールする努力なしにはその価値は伝わりません。広島の先人たちはそれを脈々とやってきたのであって恥じる必要など何もないのですが、では「戦後に生きる私たちは、はたして街に何かをもたらしたのか？」「新しい建物や新しい文化を創造できたのか？」と問われると答えに窮してしまうのが正直なところです。

私がおりづるタワーを作ることにあれほど情熱を傾けたのは、背後にそうした後ろめたさがあったことは否定できません。自分たちの世代でも、街の発展に寄与したと胸を張れる何かを作りたい。未来の市民たちに「あのときこういうものを作ってくれたから今の私たちがあるんだ」と思ってもらえる何かを遺したい。

それは松田家のスネをかじり続けた私だからこそわかる、先人たちのスネをかじり続けていることとの居心地の悪さであり、ここでもやはり背負い込んだ劣等感とコンプレックスの果てに、私は「今の自分たちに何ができるのか？」ということを突き詰めていきました。

いったい、戦後に生きる私たちに何ができるというのでしょうか？　目に見えるものでもいい、目に見えないものでもいい、この街に新しい価値をもたらすことなどできるのでしょうか？　街の未来の住人のため、新しい何かを付け加えることはできないのでしょうか……？

ずっと自問自答を続けたそんな問いに、やっと最近私は答えを見出しました。

戦後に生きる私たちは新しい価値や文化を創造し得たのか？　先人たちに劣らない何かをこの街に付与することができたのか——？　答えはＹＥＳです。終戦以降の70年間、広島は確かに大事なものを創り上げてきたのです。

この街が築き上げてきたもの——それは〝赦《ゆる》す〟ということです。

たとえば、広島平和記念資料館は原子爆弾を落としたアメリカという国を糾弾するために作られたものではありません。「被爆資料や遺品、証言などを通じて、世界の人々に核兵器の恐怖や非人道性を伝え、ノーモア・ヒロシマと訴え」（ＨＰトップに掲げられたマニフェストより抜粋）るために作られたものです。ここは人種、宗教、性別やイデオロギーを超えて世界の誰もが平和を語るために造られた場所なのです。

それは平和記念公園も同じです。慰霊碑に刻まれた有名な一文——「安らかに眠って下さい　過ちは繰返しませぬから」。碑の説明板には「過去の悲しみに耐え憎しみ

を乗り越えて　全人類の共存と繁栄を願い　真の世界平和の実現を祈念するヒロシマの心がここに刻まれている」と記されています。ここでも加害者、被害者の区別なく世界平和を祈念する心こそ〝ヒロシマの心〟だと規定されています。

広島が貫いた〝ＦＯＲＧＩＶＥの街〟という誇り

それをもっとも鮮烈に表したのが２０１６年5月27日、世界中がＨＩＲＯＳＨＩＭＡに注目した当時の現役アメリカ大統領バラク・オバマ氏の広島訪問でした。原爆を落とし、街に壊滅的な被害を与えた加害国のトップが被災地を訪問し、慰霊碑に献花し、被爆者と対面する――それは被害者感情を考えれば反発が起こってもおかしくない出来事でした。「まずは謝罪が先だろう」「どのツラ下げて来てるんだ」といった憤怒の声が主流になっても不思議ではありませんでした。

しかし、全ての広島市民はオバマ大統領の訪問を歓迎しました。広島の地を踏み、平和記念資料館を見学し、折り鶴を折ったことに感謝の言葉すら聞かれました。

つまり広島の人間は原爆投下という未曽有の犯罪に対して〝赦す〟という態度をとったのです。悲しみに押しつぶされるのではなく、憎しみに任せて報復するのでもなく、「世界平和の実現のため一緒に頑張りましょう」と握手したのです。

広島は悲劇の街ではなく、憎しみの街でもなく、ＦＯＲＧＩＶＥ（赦し）の街――それは私がおりづるタワーを作る上でもっとも大きな励みになる精神でした。

いつまでも負の感情を引きずるのではなく、過去を踏まえた上で何が今最良なのか、未来志向で考えられる街。世界に開かれ、〝平和〟を軸にどんな立場の人とも対等に話し合える街――私はそれは心から誇れることだと思います。過去の悲劇を知ってもらうことも大切ですが、むしろその悲劇に対してこの街がどのように向き合い、どのように乗り越えてきたのか、〝１９４５・８・６以降のヒロシマ〟を知ってもらうことも重要ではないかと思うようになっていきました。

それゆえの、おりづるタワーです。

第1章で書いた内容とも重なりますが、おりづるタワーは決して高くありません。展望台の高さは50メートル。足のすくむような絶景や雲の上に立っているような浮遊感を期待する人にとって、このスペックは物足りないものでしょう。しかし私が見てほしいのはそこではありません。この街が明るく、豊かに生きている姿。がれきと死体が横たわる荒野から70年という歳月をかけて立ち直った姿。そしてあれほどの絶望を負わされながら、その重みに押しつぶされることなく、一人一人が、私たちが、今をいきいきと楽しんでいる姿——それこそが世界中の人々の希望になれると思ったのです。


どんなに徹底的に破壊されても、人はよみがえることができる。

どんなに悲しいことがあっても、人は笑顔を取り戻すことができる。

どんなに理不尽な罪であっても、人は赦すことができる。

どんなに怒りや憎しみ、怨みに取りつかれても、いつか人はそれを超えていくことができる——。

私は広島に生まれた人間として、目の前の平和を無邪気に享受することにどこか罪悪感を感じてきました。だけどそれは間違っていました。人生を楽しんでいいのです。幸せを噛みしめていいのです。私はアメリカのロックも大好きだし、中華料理も大好きだし、フランスワインも大好きだし、ドイツ車も大好きだし、イタリアンファッションも大好きだし、イギリスのサッカーも大好きだし、韓国の焼肉も大好き――それでいいのです。むしろそれこそがいいのです。

過去を超えて人生を思う存分謳歌すること。国境関係なく、愛するもの同士で肩を組むこと――。

まさに〝LOVE IS THE MESSAGE〟。

私がおりづるタワーの展望台から届けたいのは、LOVEがHATEに勝利した街の姿に他なりません。それこそが戦後を生きる私たちが嘘偽りなく奏でることのできる最強のメッセージなのだと私は今、胸を張って宣言することができます。

２０４５年を私たちの〝通信簿〟にしませんか？

長らくお付き合いいただいた私の話もいよいよ最後になります。

みなさんに最後にお話したいのは未来についてです。おりづるタワーの未来、この街の未来、この国の未来……。

今、世間一般で語られる未来の多くは〝２０２０〟に標準を置いているところが多いようです。56年ぶりの開催となる東京オリンピックに向け、東京のあちこちでは大規模な再開発が進められ、テレビでは連日関連番組が放送されています。大々的に大会ボランティアが集められ、安倍首相もそれまでに日本国憲法を改憲したいと話すなど、日本は国を挙げての躁状態に入っているようにも見えます。

もちろん、広島としても２０２０年は重要な年に違いありません。それは２０２０年が「75年は草木も生えない」と言われた原爆投下直後から75年の年にあたるからです。それは草木も生えないと言われた街が実際どうなったのか、ヒロシマの歩んだ道のりを改めて検証するまたとない機会であるでしょう。

しかし、個人的な意見を言わせてもらえれば、２０２０年を到達点として物事を考えるのはあまりにも近視眼的であるように思います。２０１３年にオリンピックが決まったときはまだ先のような気がしていた２０２０年ですが、気が付けばもう来年。国も人も1年後のことに没頭し、それ以外のことが見えなくなってしまうのはとても危険な状態です。なぜなら、２０２１年も２０２２年もその先も、私たちの暮らしは続いていくのですから。

未来を具体的に考えるにあたって２０２０年は近すぎる――その代わりというわけではありませんが、私がここで提案したいのは「〝２０２０〟ではなく〝２０４５〟を軸にしませんか？」ということです。

１９４５年の被爆体験から丸一世紀、１００年。

この100年の間に私たちは何をやってきたのか。何ができて何ができなかったのか。広島は何を選び、どんな理想を描いて、どこまで到達できたのか――2045年はそんなことを広く討議できる大事なマイルストーンになりえる年です。

また、2045年がちょうどいいのは、私たちが立っている現在地からほどよくかけ離れているところです。今から26年後の未来。そのとき私は76歳です。当然娘も大人になって、もしかして私は孫を抱いているかもしれません。

2045年、あなたはいくつになっているでしょう？　あなたのお子さんはいくつになっているでしょう？　そしてあなたはどんな暮らしをしているでしょう？

26年後というのは私たちがリアルに将来を想像できるギリギリの未来のような気がします。それと同時に26年という年月は、これから何かをはじめて完成させるのに十分な時間です。つまり今ならばまだ「被爆100年という節目の年に自分たちはこうなっていたい」「こんな街になっていてほしい」というビジョンを描き、それに向けて何かをはじめて完遂できる位置にいるのです。

２０４５年が重要な年になるのは広島だけではありません。日本という国においても同様です。太平洋戦争終結から一世紀。１００年に及ぶ戦後デモクラシーのなかで私たちは何を得て、何を失ったのか。そのころには日本国民のほぼ全員が戦争を知らない世代になるわけで、この先どんな国のカタチを目指し、どんな幸福を求めていくのか、〝戦後日本のＰＤＣＡサイクル〟を改めて検証する必要があります。

なので私はみなさんに提唱したいと思います。

２０４５年を私たちの〝通信簿〟にしませんか？　戦後１００年たった街の姿、そして人の心。どのような街になり、どのような暮らしをしていたいのか。

26年後、原爆投下１００年の節目に、私たちが信じてきた教育、私たちが創り上げてきた芸術、私たちがよしとしてきた社会、経済、政治体制……それらが本当に正しかったのかどうか審判を受けるのです。２０４５年を、戦後という時代を生きてきた私たちのひとつのゴールとして捉えるのです。

そう考えると普段のすごし方も変わってくるはずです。２０４５年に向けて何を創っていくか。何を遺して、何を変えていくか。今のままでは何がダメで、26年後に理想の状態にたどり着くためには何をどういう順番で進めていけばいいのか……そういうことが長期的視野で考えられるようになります。〝2045〟という数字を頭の隅に置くだけで、街であれ国であれ、もっと大きなスケールで物事が捉えられるようになるのです。

答えが一望できる〝あの場所〟で待っています

広島について言えば、おりづるタワーが計画段階のころ、私と建築家の三分一博志は予算や実現性を無視して、ひとまず互いの夢や理想を語り合うところから話しはじめました。そのとき、私たちの話題はタワーの枠を飛び越え、将来の広島をどうするかといった街全体のグランドデザインにまで広がっていきました。

未来の広島はどんな街になっているか？　いや、どんな街になっていてほしいのか？　そのなかでタワーはどういう位置づけで存在するべきか？　老朽化が進む基町アパート、中央図書館、映像文化ライブラリー、バスセンターはどうすればいい？　いつまでも〝仮〟の状態で放置されている旧広島市民球場跡地はどうする？　市民から強い要望のあるサッカー専用スタジアムはどこに造る？　少子化が進むこれからの交通網は……？

そのときすでに私たちは〝2045〟というキーワードを意識していました。2045年の広島の街をどうデザインするか。私たちはどんな広島を次世代に手渡したいのか。

〝2045〟という目標を置いて考えると、今小競り合いを続けているさまざまな問題がいかにばかばかしいかよくわかります。

点を面に。

目の前の利権にこだわるあまり、大きな魚を逃してきた案件のなんと多いことでしょう。若者を育てず、事なかれ主義で、出る杭は暗黙で打たれるような今の風潮が続ければ、2045年、広島は先人たちが遺してくれた素晴らしい遺産があるにもかかわらず、覇気の失われた残念な街になっていることでしょう。

ただし、みんなが私心を捨ててテーブルにつき、率直に意見を戦わせ、やるべきことの優先順位を決めて一致団結してひとつの方向に進んでいければ——この街はもっともっと素晴らしいものになるはずです。ただ原爆から立ち直ったというだけでなく、世界中から尊敬を集め、賞賛され、多くのファンを持つ国際都市になりうるはずです。

それは大げさな話ではありません。あの廃虚から70数年で私たちはここまで来れたのです。そのエネルギーとポテンシャルを生かせば、あと26年あればどんなことだってできるような気がしませんか？

あと四半世紀、人が主役の街。ひとり一人が、何歳になっても主役で活躍できている街。ひとり一人が、自由で、繋がり、頑張れる社会。

私は夢想します。

2045年、おりづるタワーの最上階であるひろしまの丘に上がってきた若い男女。二人はしばし静かな面持ちで真下にある原爆ドームと平和公園を眺めます。

やがて彼氏の視線が上を向きます。彼が見ているのは平和公園の向こうに広がる光景です。彼はかつて一発の爆弾によって破壊された街が、100年の歳月を経て多くの人が幸せそうにくらす平和な街に復元されていることに驚きます。平和資料館で見たモノクロ写真と目の前のにぎわいを重ね合わせ、ゴクリとつばを飲み込みます。

一方の彼女が見ているのは、また別の風景です。平和公園の輪郭をなぞるように流れる本川と元安川。そんな自然の地形を生かして遊歩道や中央公園が作られています。緑の木々に埋もれるようにのぞいているのは街のスポーツ熱の象徴であるサッカースタジアム、文化拠点である中央図書館、文化科学館……。繁華街の紙屋町が近いにもかかわらず、あたりには自然があふれ、こんな街に住めたらどんなにすてきだろうと思います。

「いいところだね……」

「うん、すごく……」

二人は黙ったまま街を眺め続けます。いつまでも飽きることなく眺め続けます。

彼女のおなかのなかには、もうすぐこの世に生まれてくる新しい生命。二人はその手をおなかの上で重ね、未来の子どもに無言で語り掛けることでしょう。

「君がこれから生きていく世界は、こんなに素晴らしいところなんだよ……」

２０４５年、おりづるタワーは私たちに〝通信簿〟を渡してくれるステージになります。

そこは私たちが出した〝答え〟が一望できる場所です。散歩坂を登って、エレベーターに乗って、確かめに来てください。

そこから見える風景はあなたが誇れるものでしょうか？　街はあなたが次の世代に伝えたかったカタチになっているでしょうか……？

私はここで待っていようと思います。
２０４５年のおりづるタワーにみなさんが登って来るのを、待っていようと思います。

あとがき

おりづるよ
空を翔け　時を超え　心に届け
これが全部じゃないんだ
夢の途中で朽ち果てても
志は落ちることなく空に
舞い続け永遠に舞い続け

全ての人の夢は叶わない
でもあの人の想いだけは
おりづるにそっと乗せて
止まらずに進んでゆこう

おりづるよ
空を翔け　時を超え　心に届け

そのまま二つのままでも
構わない変わらないだけ
いつか一緒になれた時に
未来は向こうから来るさ

振り返れば厳しい言葉も
温かく先を照らしていた
その光へと漕いでいこう
優しさというひろい海で

おりづるよ
空を翔け　時を超え　心に届け

２０１６年７月10日（おりづるタワー・プレオープンの前日）の
Ｆａｃｅｂｏｏｋより転載

2019年。平成最後のお正月。私はかつてない違和感のなかにいました。場所はなじみの中華料理店。通い慣れた店のはずなのに、どこか夢のなかにいるような気がします。これは本当に現実なのか？　もしかして私は初夢のなかにでも迷い込んでいるのか……？

目の前には父と母がいて箸を動かしています。私の横には妻と娘が並び、穏やかなムードに包まれています。

そう、私たちは家族で夕食を共にしていました。私の家庭と両親の5人で円卓を囲んで中華を食べていたのです。

私にはそんなどこにでもある普通の光景が不思議で不思議で仕方ありませんでした。常識的に考えれば、目の前の食事やそこで交わされる会話をそのまま楽しめばいいはずなのに、私はどうしていいかわからず、餃子も麻婆豆腐も炒飯も青椒肉絲も何を食べてもうまく味わうことができません。つまり、家族でごはんを食べるという当たり前の行為が私にとってはひどく非日常なことだったのです。

そもそも、株主総会のときから異変ははじまっていました。

これまで広島マツダの株主総会において、父・欣也はわれわれが提出した事業報告書について事細かに質問してくるのが常でした。まるでどんなミスでも見過ごすまいとするように、私のあらを徹底的に見つけ出そうとするように、父はひとつひとつの数字を徹底的に追及し、本来なら5分や10分で終わるはずの総会を4時間も5時間も引き延ばすのが恒例となっていました。

それが昨年の株主総会では父はほとんど何も言いませんでした。それどころか「ようやっとるわ」というねぎらいの言葉を吐き、父の方から「わしももう長くないけぇ、時間を作ってくれんか?」と言ってきたのです。

父はすでに80歳を超えています。「時間を作ってくれんか?」というのは自分の経営や仕事に関する哲学を、遺言代わりに私に伝えたいということでしょう。ただ、そのとき私は年末を迎えて多忙であり、父と一対一で向き合うのが恐ろしかったこともあって、年が明けた正月休みに、家族で一緒に食事をとるという形で父との約束を果たすことにしました。

いったい父と外で食事をするなんて、どれくらいぶりでしょう。

普段であれば顔を合わせるといつも「会社というのはこういうもんじゃ。経営というのはこうせんといけんのじゃ」と何時間も演説をぶち続ける父ですが、この日は別人のように静かにしています。

食事は和やかな調子で進み、穏やかなまま幕を閉じました。

わかりやすい融和の言葉をかけ合ったり、長年の壁を埋めるというまではいきませんでしたが、それでもテーブルには父が私を認めてくれている雰囲気が流れていました。私も父のことを尊敬している雰囲気を漂わせていました。

私と父は同じ遺伝子を引き継いでいるため、プライドの高さは同様です。そんな二人が歩み寄り、言葉にしないながらも互いの歩んだ道を認め合えたことは非常に嬉しい人生のサプライズになりました。

人生、予期しないことが起こるんだな。どんなに変わらないと思っていた事態でも、時間がたてば変わっていくんだな……。

私はその翌月、50歳の誕生日を迎えました。

きっと私自身もこれからますます変わっていくことになるでしょう。50歳という年齢を通過点に、これからも変化を続け、新しい自分になっていくことでしょう。

■

自分がこれから変わっていくと感じるのは、父との関係に変化の兆しがあったからだけではありません。

今回、自分が人生を賭けて作ったおりづるタワーに対する想いを本という形でまとめたことで、またひとつ区切りがついた気がします。タワーの完成を見届けた時点で何かは終焉を迎えましたが、今度は完璧に、本当に心残りのない形でケリがついたような感触があります。

さらにこの本では、これまでずっと避けていた自分自身の過去に向き合い、それを文章にすることで空へと昇華させました。

「私はずっと落ちこぼれてきた。私はずっと父に反発し、同時にひたすら認められたかった。私はずっと強大な松田家に劣等意識を抱えてきた。私はずっと自分の才能のなさに歯ぎしりし、その反動で大きな何かを成し遂げたいと夢見てきた。それを認めて自由に、そして未来に解き放たれたことで、おりづるタワーは完成した。私はずっと広島の気風が嫌いで、同時にこの街を誇りに思ってきた。私は結局敷かれたレールに戻った人間で、それでもここは終の棲家にならないみたいだ……」。

吐き出すことで見えてきたもの。この先、本を出すことで返ってくるリアクション。

私はまだまだ変わっていきます。

実際、私は今広島マツダの会長兼ＣＥＯという肩書ですが、10年間務めて46歳で社長職を退いたように、会長職も10年間務めて退くことに決めています。私は〝人生45歳ピーク説〟を信じていて、45歳までは猪突猛進で突き進むが、45歳を頂点にそれ以降は自分の経験が判断材料の重きを占めるようになる――つまりよく言えば知恵や分別が付き、悪く言えば頑固に、保守的になっていく。いつまでも年寄りが上に居座っている社会より、若い人たちにチャンスを与える社会の方が絶対いいという想いは昔から感じていたことでした。

となると、私は56歳で会長職を退任することになります。それまでに残された時間はあと6年――その間に自分に何ができるか？　そしてその後、何をするのか？　引き続き〝7勝8敗〟の美学を胸に、終わりと未来を同時に見据え、前のめりに倒れる日々を送っていくつもりです。

■

変わっていくという意味では、この街はこの先、変わっていくのでしょうか？　この国の未来はどうなのでしょう？

広島では2019年初頭、懸念であったサッカースタジアムの最終候補地が中央公園広場で合意、2023年の完成を目指すというニュースが流れました。それと同時に、こちらも長らく凍結されていた広島高速交通「アストラムライン」の延伸計画の具体案が出され、2030年頃までにはJR西広島駅を終点とする全線開通を目指すというロードマップが公表されました。

街のにぎわいを作り出すサッカースタジアムに、人々の足となる交通インフラ。長年膠着《こうちゃく》してきた巨大事業が動き出したことにホッと胸をなでおろしている広島市民も多いようですが、私自身は安心するのはまだ早いと思っています。

事業は本当に進むのか？　青写真通り完成するのか？　そもそも中長期的視点で見た場合、それが本当に一番ふさわしい案なのか？

「オリンピックだ！」「2020だ！」と浮かれたと思ったら、次は「大阪万博だ！」「2025だ！」と軽薄に飛びつくのは、いったんやめにしませんか。点ではなく面で考えませんか。

本文中にも書きましたが「２０４５年に、私たちはどういう街に暮らしていたいのか」――一度みんなが顔をそろえて未来理想図と大局的なグランドデザインを話し合わないと、この街はいつまでたっても付け焼刃と間に合わせに追われ続けることになります。

私自身は変化しても、それだけは私のなかの変わらぬ信念として――むしろ危機感として――今後も持ち続けていくことになるでしょう。

広島のゴールは、日本のゴールは、２０４５年。

戦後から１００年。

すべてを失った後、まったく新しい価値観でスタートをした１９４５年から一世紀たった時、私たちの街はどうなっているのか。私たちの精神はどう心豊かになっているのか――。

今なら、その理想に向けて全員で突き進むことができるはずです。

■

本書が完成するまでには多くの方々のご協力をいただきました。

まずは表紙の絵を描いてくれた田中美紀さん。彼女は人の頭のなかにあるイメージを視覚化する〝ビジョンプロジェクター〟として活動している方で、今回私がおりづるタワーに託したビジョンを見事に絵画で表現してくれました。

２０４５年に生まれた子どもが街を運転している姿、バックミラーに映るマツダ創始者・松田重次郎と三輪トラック、そして街のなかにちりばめられた懐かしいエンブレムなどの隠れキャラクター……それは私の頭のなかにあるもの以上に、私が見たかった未来の広島の風景でした。素晴らしい絵を描いてくださったことに改めて感謝いたします。

さらに、その絵をモチーフに本全体を見事にデザインしてくれたサトウデザインの佐藤穂高さん。私が書き殴ったＦａｃｅｂｏｏｋの文章からよいものだけをピックアップして、物語を読みやすい構成に仕立ててくれた作家の清水浩司さん。広島本大賞を受賞された天才小説家でもあります。そして広島商工会議所青年部（ＹＥＧ）の後輩であり、何度もくじけず本を出すことを提案してくれた株式会社ザメディアジョンの山本速くん。

みなさんと一緒に本を作った時間は私にとってとても楽しく、意義のあるものでした。今度は打ち上げという形で、美味しいお酒を呑みに行きましょう！

本文では紹介できませんでしたが、何より三分一博志設計事務所の松田裕介くん、今は独立してご自身の事務所を立ち上げられましたが、実際の設計は彼が全てを担当してくれました。私の思いつきのアイデアや意図をきちんと消化し、一つひとつ検証して丁寧に図面に落としてくれた、おりづるタワーの真実の設計者です。彼も若く、これから福岡を起点に素晴らしい建築家として世界に羽ばたいていくことでしょう。

何より、施工を担当してくれた株式会社フジタ広島支店の澤田支店長（当時）、工事責任者の松浦所長をはじめとした現場の方々、唯一無二の建物ですから難工事だったことでしょう。会議では松浦所長が毎回難しいと口にしている姿が印象的でした。

工事だけではなく業者も数多く、たくさんの人が完成までに関わっていただきました。お礼を言えなかった方々に、この場を借りて感謝申し上げます。

またお隣の「広島の宿　相生」様、「Ｓｍｏｋｉｎｇ　Ｓｐａｃｅイセヤ」様をはじめとしたご近所の方々も、とても良くしていただきました。工期が長引き、通行止めや深夜にも及ぶ夜間工事も多々ありましたが、むしろ励ましていただいたほどで、本当に力をいただきました。


感謝ということで言えば、今回私は松田家の歴史を紐解いたことで、今一度この血筋に深く感謝の念を抱くことができました。

私は親不孝な人間ですが、これまで墓参りには結構行っていました。普段は悪態ばかりついているのに、物言わぬご先祖様の前に立つと不思議と素直に感謝の気持ちが言えるのです。

実は、この「あとがき」の冒頭に掲載された私の文章は、おりづるタワーのプレオープン数日前に亡くなられた松田弘さんに宛てて書いたものです。「おりづるよ／空を翔け 時を超え 心に届け」というメッセージは弘さんに向けた私信です。

耕平さん、元さん、弘さん……私は勝手にあこがれと反骨心を募らせていましたが、みなさんはいつも大きな心でばかな私の言動を受け止めてくれました。

この本も、おりづるタワーも、そんな松田家の面々が少しでも笑顔になってくれればと思って作ったところがあります。

そしてそのなかには私の父も、母も、姉も、妻も、娘も当然含まれます。

■

2045年、私はどこで何をしているのでしょう。

元気なおじいさんとして、おりづるタワーの屋上から誇らしい気持ちで故郷・広島を眺められるなら、最高の人生に違いありません。

ただし、そこにたどり着くためには、やらなければならないことがまだたくさん残っています。

人生は有限で、時間は意外とあるようで少ないものです。

さあ、そろそろあいつに、会いに行こっと。

見上げれば、おりづるタワーがずっとあたたかく街を見守り続けていることを願いながら。

2019年（令和元年）5月　松田　哲也

松田 哲也　まつだ　てつや

1969年、広島市東区生まれ。広島城北中・高等学校で学び、関西大学法学部卒業。株式会社神戸マツダモーターズ（現・株式会社神戸マツダ）勤務を経て、1995年に広島マツダ入社。2006年、6代目社長に就任。西日本最大級のショールームを備えた宇品本店、国内最大級の展示台数を誇る石内山田店など積極的な店舗展開を行い、経営を大きく進展させる。2010年、広島平和記念公園に隣接する広島東京海上日動ビルを取得し、改装の末、2016年「おりづるタワー」としてオープン。屋上を展望台として開放し、1階にカフェや物産店を併設するなど広島の新たな観光名所を創り上げる。2015年、就任10年を区切りに社長を退任。現在は広島マツダ会長兼CEOを務める一方で、スマートフォンアプリの制作、アパレル事業、葬儀事業など多くのビジネスを手掛ける。2009年に一般社団法人広島青年会議所（広島JC）理事長、2013年に広島商工会議所青年部（広島YEG）会長を歴任するなど地域経済の振興と社会貢献にも情熱を燃やす。

2019年6月26日　初版発行
2019年8月 4日　第2刷発行

発行人　田中朋博
発行所　株式会社ザメディアジョン
〒733-0011 広島県広島市西区横川町2-5-15
TEL 082-503-5035
FAX 082-503-5036
HP http://www.mediasion.co.jp
印刷所　シナノパブリッシングプレス

企画　山本　速
編集　清水浩司
装丁　佐藤穂高
校閲　菊澤昇吾
装画　田中美紀
写真　長尾剛明

落丁・乱丁本は、送料弊社負担にてお取替え致します。

ISBN978-4-86250-636-8 C0034 ¥1400E